房地产工程总监工作指南

匡仲发/主编

化学工业出版社

·北京·

《房地产工程总监工作指南》一书详细介绍了工程总监的岗位认知、项目前期运作管理、工程设计管理、工程招投标管理、工程施工管理、工程监理管理等内容。定位于实际操作，完全去理论化，内容简洁实用，同时附有大量的案例和范本。

本书既可作为专业培训机构、院校房地产专业等的培训教材，也可以作为房地产企业从业人员工作的"作业指导书"，直接应用于实际工作之中。

图书在版编目（CIP）数据

房地产工程总监工作指南/匡仲发主编．—北京：化学工业出版社，2017.5（2019.8重印）
（房地产企业管理攻略系列）
ISBN 978-7-122-29235-3

Ⅰ.①房… Ⅱ.①匡… Ⅲ.①房地产-监理工作-指南　Ⅳ.①F293.3-62

中国版本图书馆CIP数据核字（2017）第047229号

责任编辑：陈　蕾　　　　　装帧设计：尹琳琳
责任校对：王素芹

出版发行：化学工业出版社（北京市东城区青年湖南街13号　邮政编码100011）
印　　刷：北京京华铭诚工贸有限公司
装　　订：三河市振勇印装有限公司
710mm×1000mm　1/16　印张13　字数253千字　2019年8月北京第1版第2次印刷

购书咨询：010-64518888　　　　　　　　售后服务：010-64518899
网　　址：http://www.cip.com.cn

凡购买本书，如有缺损质量问题，本社销售中心负责调换。

定　价：49.80元　　　　　　　　　　　　　　　　　版权所有　违者必究

前言

近年来,中国房地产市场行情较为火爆。社会在发展,技术创新日新月异,推向市场的新产品越来越多。如何发挥自身优势,在激烈的竞争中立于不败之地,是目前众多房地产企业必须要思考的问题。

一个企业的发展离不开管理、离不开人才。房地产企业也是如此。在现实背景下,房地产企业要不断优化、发展和壮大,自身的管理很重要,对于管理层的要求也越来越高。房地产企业的竞争,很大程度上也是人才的竞争,好的团队必然会为房地产企业带来好的发展。

如果把一个企业比作一个人,高层管理者就是大脑,要思考企业的方向和战略;中层就是脊梁,要去协助大脑传达和执行命令到四肢——基层。而高层管理人员是指对整个组织的管理负有全面责任的人,他们的主要职责是制定组织的总目标、总战略,掌握组织的大致方针,并评价整个组织的绩效。企业高层管理人员的作用主要是参与重大决策和全盘负责某个部门,兼有参谋和主管双重身份。

作为房地产企业的管理层,尤其是高层管理人员,必须强化自身素质,提升管理水平,才能在房地产迅速发展和激烈竞争中赢得一席之地。

基于此,我们组织相关专家、学者和房地产一线管理人员,策划编写了"房地产企业管理攻略系列"丛书,具体包括《房地产策划总监工作指南》《房地产销售总监工作指南》《房地产市场拓展总监工作指南》《房地产工程总监工作指南》《房地产财务总监工作指南》《房地产项目经理工作指南》六个岗位的图书。

本丛书定位于实际操作,完全去理论化,内容简洁实用,同时附有大量的案例和范本,既可作为专业培训机构、院校房地产专业等的培训教材,也可以作为房地产企业从业人员工作的"作业指导书",直接应用于实际工作之中。

《房地产工程总监工作指南》一书详细介绍了工程总监的岗位认知、项目前期运作管理、工程设计管理、工程招投标管理、工程施工管理、工程监理管理等内容，方便房地产工程总监参照学习。

本书由匡仲发主编，在编写过程中，还获得了许多行业精英的帮助和支持，其中参与编写和提供资料的有齐国颜、曹艳铭、匡五寿、黄治淮、宁仁梅、王玲、王春华、王禹、王高翔、李辉、李勋源、李景安、李家林、李永江、许丽洁、许华、冯飞、陈素娥、张立冬、唐晓航、唐乃勇、雷蕾、靳玉良、邹雨桐、吴俊、吴日荣、段青民、况平、刘建伟、刘珍、匡仲潇，最后全书由滕宝红统稿、审核完成。

由于编者水平所限，不足之处在所难免，希望广大读者批评指正。

编者

目录

第一章 岗位认知 / 1

所谓岗位认知,是指对一个工作岗位的理解和认识。对于工程总监来说,只有全面、深刻地认识并理解其岗位职责、工作技能要求、个人能力要求,才能在平时的工作中认真履行其职责,当好项目团队的领头羊。/ 2

第一节 工程总监的岗位职责 / 3
一、就业前景分析 / 3
二、扮演角色认知 / 3
  相关链接:工程技术管理在建筑工程中的重要地位 / 5
三、工作职责了解 / 6
  相关链接:××房地产公司工程总监招聘启事(一) / 6
  相关链接:××房地产公司工程总监招聘启事(二) / 7

第二节 工程总监的专业知识 / 9
一、房地产与土地的相关知识 / 9
二、住宅知识 / 12
  相关链接:常见的房地产建筑类面积术语 / 16
三、商品房销售知识 / 17
  相关链接:《商品房销售许可证》的办理 / 22
四、价格与付款方式知识 / 22

第三节 工程总监的素质要求 / 23
一、扎实的业务素质 / 23
二、出色的项目管理能力 / 24

三、敏捷的经济头脑 / 24
　　四、丰富的现场实践经验 / 25
　　五、熟练的计算机操作技能 / 25
　　六、良好的职业道德和敬业精神 / 25
　　七、健康的体魄 / 26

第二章　项目前期运作管理 / 27

　　一个工程项目从最初的设想、评估、决策到设计、工程招标，再到进场施工直至竣工，是一个系统的工程，最终的目的是形成一个质量可靠的工程。建设工程项目管理是工程建设的关键保障，而前期管理在项目管理中的重要性尤为突出。/ 28

第一节　工程项目策划管理 / 29
　　一、工程项目策划的目的 / 29
　　二、工程项目策划的内容 / 29
　　三、工程项目策划的重点 / 33
　　四、工程项目策划的注意事项 / 34
　　　【实战范本】××工程项目管理策划书 / 34

第二节　工程报建管理 / 40
　　一、工程报建的含义 / 40
　　二、工程报建的条件 / 40
　　三、工程报建的阶段 / 41
　　　相关链接：工程报建的关键节点 / 44

第三节　开工手续办理 / 45
　　一、国有土地使用证 / 45
　　二、建设项目选址意见书 / 45
　　三、建设用地规划许可证 / 46
　　四、建设工程规划许可证 / 48
　　五、建筑工程施工许可证 / 50
　　六、商品房销售（预售）许可证 / 51
　　七、建设工程竣工验收备案 / 53
　　　相关链接：房地产开发项目水、电、气、暖手续办理 / 53

第四节　工程施工准备工作 / 55
　　一、技术准备 / 55
　　二、物资准备 / 58
　　三、劳动组织准备 / 60
　　四、施工现场准备 / 61

五、施工的场外准备 / 63

第三章　工程设计管理 / 64

　　设计是整个工程建设的先行和关键，在工程建设中处于主导地位。设计成果的质量与建设项目投资、工程质量、生产工艺的技术水平、产品质量、生产成本等都有着极为密切的关系，直接影响建设项目投产后的综合经济效益和社会效益。 / 65

第一节　设计管理概述 / 65
　一、工程设计管理的意义 / 66
　二、工程设计的原则 / 66
　三、工程设计管理的内容 / 67
　四、工程设计管理的程序 / 67
　五、工程设计管理的目标 / 69

第二节　设计规划管理 / 70
　一、规划总体构思 / 70
　二、空间关系处理 / 70
　三、总体规划的要求 / 72
　四、总图竖向 / 72
　五、消防 / 72
　六、附属用房 / 72
　七、室外环境 / 73
　八、道路 / 73
　　【实战范本】××小区建筑设计规划方案 / 75

第三节　设计阶段管理 / 81
　一、方案设计管理 / 81
　二、初步设计管理 / 83
　三、施工图设计管理 / 87
　四、设计变更管理 / 88
　　【实战范本】施工图设计变更的管理办法 / 89

第四节　设计控制管理 / 90
　一、工程设计质量控制 / 90
　二、工程设计进度控制 / 94
　三、工程设计投资控制 / 96

第四章 工程招投标管理 / 100

　　　　进行建设项目招标投标是将建筑市场引入竞争机制，用以体现价值规律的一种方式，是实现科学化、现代化项目管理，推进管理创新的重要环节。建设工程招标投标的目的是确保工程质量、缩短建设工期、节约建设资金、提高投资效益。 / 101

第一节　招标投标概述 / 101

一、招标投标术语解析 / 102
二、招标投标当事人 / 102
三、招标投标的类型 / 103
四、建筑工程招标投标的原则 / 103
五、招标方式 / 104
六、项目工程招标的范围 / 104
七、招标代理机构的选择 / 105

第二节　工程监理招标管理 / 105

一、工程监理的范围 / 105
二、工程监理招标的概念 / 106
三、工程监理委托的范围 / 106
四、监理资格预审 / 107
五、监理招标文件的内容 / 108
　　【实战范本】××项目工程施工监理投标须知 / 108

第三节　工程勘察设计招标管理 / 117

一、勘察设计招标条件 / 117
二、勘察设计招标范围 / 117
三、勘察设计招标要求 / 118
四、勘察设计招标文件的内容 / 118
　　【实战范本】××房地产企业××项目地质勘探工程招标 / 119

第四节　工程施工招标管理 / 122

一、工程建设项目招标条件 / 122
二、工程施工招标的范围 / 123
三、工程施工招标的方式 / 123
四、工程施工招标公告的内容 / 123
五、工程施工招标的资格审查 / 124
六、工程施工招标文件内容 / 124
　　【实战范本】投标邀请书 / 125

第五章 工程施工管理 / 128

作为项目实施阶段的工程管理,对房地产产品质量的好坏、能否按计划时间完成以及能否获得预期利润,起着至关重要的作用。房地产工程施工管理是整个开发项目能够成功实施的重要保证,也是提高项目开发效率,提高开发产品品质的重要环节之一。 / 129

第一节 施工进度控制 / 129
一、进度控制的范围 / 130
二、进度的事前控制 / 130
三、进度的事中控制 / 132
四、进度的事后控制 / 136
  相关链接:如何控制房地产项目的进度 / 137

第二节 施工质量控制 / 139
一、质量控制的主要对象 / 139
二、质量控制的特点 / 139
三、质量控制的要素 / 140
四、质量控制的任务 / 141
五、质量控制的途径和方法 / 142
  【实战范本】××房地产企业工程质量控制管理制度 / 143

第三节 施工安全控制 / 145
一、建立安全管理组织机构 / 145
二、健全安全生产责任制 / 146
三、编制安全生产技术措施 / 146
  【实战范本】××房地产企业夏季施工安全措施 / 146
四、加强安全教育培训 / 147
  【实战范本】××房地产企业安全教育培训制度 / 147
五、开展安全检查工作 / 148
  【实战范本】××房地产企业安全检查制度 / 148
六、定期做好安全考核工作 / 149
七、营造安全生产的良好氛围 / 150
  【实战范本】××房地产企业工程安全文明施工管理办法 / 150

第四节 竣工验收控制 / 153
一、项目竣工验收资料 / 153
二、项目竣工验收的依据 / 154
三、项目竣工验收的条件 / 154
四、房地产项目竣工验收各阶段的工作内容 / 155

五、竣工验收档案 / 156
六、竣工验收的步骤 / 157
　　【实战范本】××房地产企业项目工程交付验收办法 / 159

第六章　工程监理管理 / 168

　　房地产工程项目是一个复杂的系统工程，它在建设过程中需要消耗大量资源、能源，实施工程项目全过程监理是在工程项目建设过程中，减少资源能源耗费、优化资源配置、提高资源利用率的重要手段和方法。／169

第一节　招标阶段的监理管理 / 169
一、市场摸底 / 170
二、全面考察 / 170
　　【实战范本】××房地产企业监理单位考察办法 / 170
三、合同编制 / 173
　　【实战范本】××房地产企业建设工程监理合同 / 173
四、公正招标 / 186

第二节　施工阶段的监理管理 / 186
一、施工阶段的质量监理 / 186
二、施工阶段的进度监理 / 187
三、施工阶段的投资监理 / 189
四、施工阶段的安全监理 / 190

第三节　合同履行阶段的监理管理 / 191
一、工程准备阶段管理 / 191
二、桩基施工阶段管理 / 191
三、主体施工阶段管理 / 192
四、装饰施工阶段管理 / 192
五、监理组织的管理 / 192
　　【实战范本】××房地产企业监理单位的管理制度 / 193

第一章 岗位认知

第一节　工程总监的岗位职责
第二节　工程总监的专业知识
第三节　工程总监的素质要求

工作指引

所谓岗位认知，是指对一个工作岗位的理解和认识。对于工程总监来说，只有全面、深刻地认识并理解其岗位职责、工作技能要求、个人能力要求，才能在平时的工作中认真履行其职责，当好项目团队的领头羊。

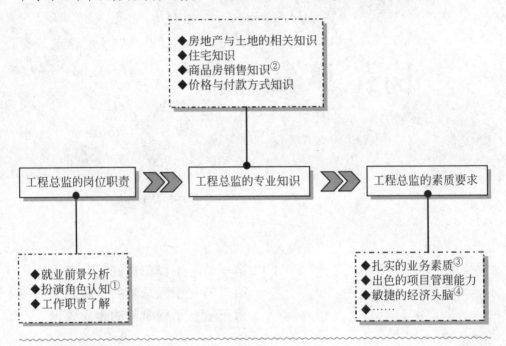

【图示说明】

① 随着房地产的发展，现代工程管理的内容已经发展成为贯穿于一个建设项目全过程、全方位的动态的"三控制、二管理、一协调"，因此工程总监要扮演好集组织者、计划者、协调者、决策者、演讲者为一身的重要角色。

② 商品房进行现售时必须取得"五证""两书"。"五证"是指"国有土地使用证""建设用地规划许可证""建设工程规划许可证""建设工程施工许可证""商品房销售预售许可证"。"二书"是指《住宅质量保证书》《住宅使用说明书》。

③ 工程总监必须具有较高的学历，扎实的、丰富的专业知识，丰富的工程建设实践经验，足够的法律和经济知识。如果没有精深广博的现代科技理论知识、经济管理理论知识和法律知识作基础，工程总监是很难胜任其工作岗位的。

④ 经济学知识也是工程总监不可缺少的，尤其是对于项目的经济分析及合同管理方面的知识。具备这两方面知识，不但使工程总监参与可行性研究及项目决策、项目招投标工作，处理索赔与反索赔工作等，拓宽了工程总监的工作领域，而且也方便了工程总监的工作，以合同为依据展开监理业务，并以合同为依据维护自身利益。

第一节 工程总监的岗位职责

由于地产项目建设过程中会涉及多方面的内容,而其相关的事务又比较多,自身的专业性和技术性比较强,因此对工程总监的要求也就相应提高,这样才能够确保房地产工程管理工作的高效完成。

一、就业前景分析

工程管理专业是新兴的工程技术与管理交叉复合性学科。工程管理专业是20世纪80年代初改革开放之后,应社会主义建设的需求设立的。近年来,随着全球一体化的发展,尤其是中国"入世"以后,国际工程项目管理成为热点。该专业对学生经济工程师和经济师的双重素质教育,要求学生成为具有管理学、经济学、土木工程技术、计算机管理和外语的综合知识,能在国内外工程建设领域,从事项目决策和全过程管理的复合型、外向型、开拓型的高级管理人才。由于工程管理责任重大,除具有相应的专业知识外,还要有良好的身体素质和心理素质。

工程管理专业的就业领域涉及建筑工程、工程施工和控制管理、房地产经营以及金融、宾馆、贸易等行业部门的管理工作。这一专业涉及的就业领域对人才的大量需求比较普遍。从银行证券到酒店宾馆,从建筑企业到房地产开发公司都急需补充大量的工程营造管理及相关专业的人才,因此人才市场上对该专业人才的需求量很大。该专业就业领域所涉及的工作包括综合系统地运用管理、建筑、经济、法律等基本知识,侧重于工程建筑、施工管理以及房地产经营开发,并熟悉我国相关的方针、政策和法规,进行企业工程开发建设项目的经营和管理。

二、扮演角色认知

随着房地产的发展,现代工程管理的内容已经发展成为贯穿于一个建设项目全过程、全方位的动态的"三控制、二管理、一协调",因此工程总监要扮演好如图1-1所示的重要角色。

1. 组织者

工程总监是房地产开发项目工程的领导者,必须善于组织并管理好项目机构的全体人员,团结协作,分工明确,这样才能完成好监理任务。

工程总监必须掌握一定的管理理论和管理方法,充分调动监理人员积极性,发挥每个人员的才智。

工程总监工作量大、面广、专业多、时限性强,必须依靠工程项目部全体人员的努力,要靠集体的力量才能履行好合同约定的义务。作为总监,怎样把这支

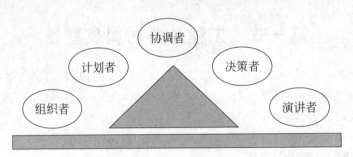

图 1-1　工程总监扮演的角色

队伍组织好、管理好，使自己成为全体人员的核心，把大家团结在自己的周围，并能最大限度地发挥每个人的特长，团结一致，同心协力做好工作，这是工程总监的当务之急。具体措施如图 1-2 所示。

措施一	在工作中应处处以身作则，要求别人做到的首先自己应做好，违章违纪的事应带头不做，只有这样才能提高管理威信，管理工作才有基础
措施二	分工明确、责任落实，应当在分工明确的基础上，加强对重点部位、关键工序的检查，及时纠正分工不明确、责任不落实的问题
措施三	关心爱护下属，在严格要求的同时，注意工作方法，该由下属去做的事情绝不大包大揽，要最大限度地调动全体人员的积极性
措施四	认真贯彻上级和公司的文件精神，正确引导下属保持良好的职业道德，充分展示自己的专业才能，在本职岗位上建功立业

图 1-2　工程总监发挥组织能力的措施

工程总监在工程项目的建设中责任大、任务繁重，作为领导人必须指挥若定，因而良好的组织指挥才能，就成了工程总监的必备素质。

2. 计划者

对于工程总监来讲，主持制定工作规划固然重要，但更重要的是执行规划，能否将既定的规划执行到位是系统工程质量好坏的关键。因此，可以认为执行是工程总监最重要的工作，工程总监应该身体力行地去做，确保应该进行的每项工作都已落到实处。具体措施如图 1-3 所示。

3. 协调者

一个工程项目能否顺利完成，很大程度上取决于建设过程中的各种矛盾能否及时化解和处理。作为工程总监，处于施工阶段项目管理的中心位置，组织协调及时处理复杂问题的能力就显得尤为重要。

工程总监要力求把参加工程建设各方的活动组织成一个整体。要处理各种矛盾、纠纷，就要求具备良好的协调能力和控制能力。为了确保工程目标的实现，工程总监应该认识到：协调是手段，控制是目的，两者缺一不可，互相促进。所

措施一	工程总监应组织相关人员，根据工程施工合同等编制项目规划，依照规划指导工作开展，确保合同目标实现
措施二	工程总监应有能力审查各承包单位的总进度计划是否合理，是否符合工程项目建设的总控制计划的要求
措施三	在工程项目建设过程中，要监督检查计划执行情况，要组织项目监理机构根据情况的变化，对总控制计划进行实时调整，确保合同目标实现

图 1-3　工程总监发挥组织能力的措施

以，总监理工程师必须对工程的进度、质量、投资和所有重大工程活动，进行严格监督，科学控制。

协调能力是工程总监领导才能的重要标志和综合体现。在系统工程监理实施过程中，特别是在项目进入实施阶段过程中，往往是多技术融合，亦有可能是多方在同一个施工项目现场中平行、立体、交叉作业，所以，如何有条不紊地协同作战，是非常重要的，总监理工程师要承担协调处理好参与建设各方的关系，实现项目的控制目标。

4. 决策者

根据工程总监的职责要求，工程总监经常要面对决策，科学、正确的决策会带来好的效果，及时决断、灵活应变，才能抓住战机避免失误。

比如，在施工方案选择、合同谈判、纠纷处理等重大问题处理上，工程总监的决策应变水平，显得特别重要。

工程总监应善于果断处理问题，根据现场情况，积极应变。

5. 演讲者

工程总监要经常召开各类会议、参加有关方的会议，工程总监要在每个会议中发言、讲话、阐述自己的观点、看法，所以工程总监应具有较强的语言表达能力。

同时，工程总监在日常工作中，需要经常组织材料，下发通知书、联系单、写报告、总结等，所以，工程总监应具有较强的文字表达能力。

相关链接：
工程技术管理在建筑工程中的重要地位

随着市场经济的迅速发展，工程技术管理在施工中的应用越来越多，并且取得了非常显著的效果，对房地产开发企业的发展起到了很好的促进作用。

近年来，建筑施工行业的发展日益迅速，技术管理水平是影响施工企业的核心力量。从建筑施工企业来看，虽然有些建筑企业拥有十分雄厚的技术力量，但却在技术管理方面存在着不少问题，如管理制度的不完善，这对建筑企业的竞争力有着直接的影响。所以，管理是永恒的话题，加强施工技术管理才能确保企业获得良好的发展。为了增强建筑施工企业的竞争实力，就必须狠抓技术管理，以便从管理中为企业争取良好的经济效益。

在建筑企业中，技术管理是重要部分。加强技术管理，确保建筑施工的顺利进行，不断提高施工技术水平，这样才能确保工程质量，以便使建筑工程成本降到最低，切实增强劳动生产率。通过借助技术管理，能够使施工企业的面貌得到较大地改善，从而为施工企业增强竞争力。故此，施工技术管理具有十分重要的地位，主要表现在以下3个方面。

1. 技术管理直接关系着企业的经营效益

技术管理直接关系着企业生产效益，甚至还影响着企业的生死存亡。因此，在建筑过程中，必须具备施工技术条件和装备，要切实加强技术管理。

2. 技术管理影响建筑施工的重要因素

因为建筑工程种类多、样式多，规模大小不一，施工作业常受到气候变化的影响，容易出现多个工种施工，需要综合应用各项技术，需要有多个工序进行搭接，因此，必须切实狠抓技术管理，从而确保建筑施工的顺利进行，以此达到质量目标。要切实按照使用功能的相关要求，想方设法地将建筑成本降到最低。

3. 建筑业发展离不开技术管理的支撑

随着社会的发展，各种新的工艺、技术、材料和装备都会出现，同时，建筑工程结构更加复杂，功能要求更加多样，装修也更加新颖，从而要求提升生产技术水平，这些都需要技术管理的大力支持，离开了有效的技术管理，这些新的发展成果都难以得到有效的利用。

三、工作职责了解

作为一名房地产公司的工程总监，必须先了解自己的岗位职责，才能做好分内事，当好领头人。下面先来看看两则招聘启事。

相关链接：

××房地产公司工程总监招聘启事（一）

职位描述：工程总监。

一、岗位职责

(1) 负责项目土建、景观、电气、水暖、装修现场工程进度、质量、安全管理。

(2) 负责施工前准备。

(3) 组织编制工程技术方案，进行技术交底。

(4) 负责审核现场签证和工程量核实。

(5) 负责组织工序、工艺样板。

(6) 负责组织工程竣工验收、交付。

(7) 负责协调专项验收、竣工验收备案手续办理。

二、任职要求

(1) 工民建本科以上学历。
(2) 熟悉国家工程管理相关管理规范与标准。
(3) 10年以年大中型房地产项目土建、开发、管理经验，熟悉房地产市场政策法规及房地产开发等全过程，有独立的操作项目。
(4) 熟悉相关法律法规，熟悉房地产行业相关流程、知识、政策、行业发展趋势及当前格局。
(5) 具备独立决策能力和大型房地产全面运营管理能力，并且具有较强的组织协调能力、管理能力、敏锐的洞察力及资金管理能力。
(6) 有土地一级开发工程管理经验。

相关链接：

××房地产公司工程总监招聘启事（二）

职位月薪：面议　　　　　　工作地点：深圳
发布日期：2015年11月1日　　工作性质：全职
工作经验：5~10年　　　　　最低学历：本科
招聘人数：1人　　　　　　　职位类别：高级建筑工程师、总工

一、岗位职责
(1) 全面负责公司工程项目的指导及管理工作。
(2) 负责落实各阶段、各类别施工图纸的设计与改进，审核施工图纸设计深度和质量，优化结构方案。
(3) 负责主持项目技术问题研讨会，负责解决项目设计、施工中的重大技术问题。
(4) 协助对现场质量进行监控和指导，解决项目实施过程中的质量问题。
(5) 负责公司工程项目的技术、质量标准的制定，制定具体项目的技术与质量管理标准。
(6) 对项目的进度、安全、成本等为公司提出具体的控制建议。
(7) 组织参与工程招投标管理。

二、任职要求
(1) 大学本科及以上学历，建筑、土木、结构类相关专业。
(2) 5年以上相关工作经验，有高级工程师职称者优先。
(3) 熟悉工程开发及现场施工过程管理，对工程规划、设计、造价、预算、控制、施工管理有深刻的理解及实际操作经验。
(4) 具有对大型工程项目的策划、统筹和实施的能力，创新能力强、思维开阔，有出色的沟通能力和领导能力。
(5) 工作勤奋，认真负责，具有较强的事业心和责任心。

从上述招聘启事中,相信你对工程总监这个岗位也有了一定的了解吧。

作为房地产企业的工程总监,必须真正明确自身的职责、任务,才能带领工程部全体人员做好工程的建设工作,为企业创造最大的价值。对于工程总监来说,主要职责如图1-4所示。

图1-4 工程总监的主要职责

1. 负责工程部的日常管理

(1)制订本部门年度发展计划和预算,并贯彻执行。

(2)制定和维护本部门相关的管理制度和作业流程。

(3)对本部门员工进行管理(任用、绩效考核、配置、奖惩和培训等)。

(4)协调本部门内部成员之间及与其他相关部门之间的合作关系。

2. 负责工程的前期运作管理

(1)配合研发中心、开发部、销售部等部门进行项目前期运作,提出合理化建议。

(2)按土地交接条件,实施清表及场平,办理移交手续。

(3)配合做好土地证、房产证两证的办理。

(4)办理规划和施工许可证等相关证件。

(5)电力、供水、供气、有线电视、通信、宽带、智能化、消防、城管、环保等手续的办理。

3. 负责工程的设计管理

(1)参与设计单位的选择。

(2)参与设计方案的选择工作。

(3)组织工程技术人员进行图纸预审。

(4)委托监理单位组织图纸会审,对会审中提出的共性问题和技术难题协调拟订解决办法。

(5)协调设计单位与相关单位之间的关系。

(6)对施工中各方提出的变更要求进行审查控制。

(7)对设计费用进行控制。

4. 负责工程的招投标管理

(1)对承包商、监理单位进行考察、评价。

(2)组织编制招投标文件,选择投标单位或进行邀标。

(3)组织投标单位进行现场踏勘和答疑。

(4) 组织评标和开标工作，确定中标单位。

(5) 参与合同谈判与合同的签订。

5. 负责工程的项目管理

(1) 负责项目的人员管理。包括人员的调配、考核、奖惩等方面的管理。

(2) 项目的目标管理。对项目的整体目标进行明确下达，并将目标进行分解，做到责任到位，并对目标完成情况进行监督检查和调整。

(3) 对项目施工准备、施工进度、质量、现场管理、投资控制进行审核、监督检查。

(4) 对施工过程中出现的重大问题进行决策和处理。

(5) 负责审核施工材料的选用和对材料供应商的评价。

(6) 负责组织工程中新材料、新工艺、新结构、新技术的技术论证、审核。

(7) 对《施工组织设计方案》重大技术措施和经济方案的初步审查意见审核。

(8) 对工程中出现的不合格处理方案进行审批，并对结果进行确认。

(9) 组织竣工验收及移交。

(10) 监督检查工程和项目文件资料的管理。

(11) 负责各项目之间的资源调配，与工程管理相关各部门、单位进行沟通平衡。

6. 负责工程的监理管理

(1) 对监理单位提交的《项目监理规划》进行审核。

(2) 根据监理聘用合同对监理单位的工作进行监督检查和考核。

(3) 对监理单位提出的工程实施与工程管理过程中的重要问题给予及时解决，协调其与相关单位之间的关系。

(4) 负责监理费用控制与结算。

第二节　工程总监的专业知识

作为一名房地产工程总监，应对房地产的相关知识有全面的了解，包括房地产与土地的相关知识、住宅知识、商品房销售知识、价格与付款方式知识等方面的内容。

一、房地产与土地的相关知识

1. 房地产

对于房地产的概念，应该从两个方面来理解：房地产既是一种客观存在的物质形态，同时也是一项法律权利。

作为一种客观存在的物质形态，房地产是指房产和地产的总称，包括土地和土地上永久建筑物及其所衍生的权利，如图1-5所示。

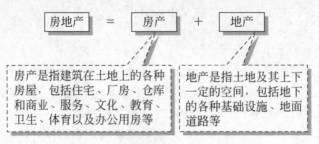

图 1-5 房地产是房产和地产的总称

房地产由于其自己的特点即位置的固定性和不可移动性,在经济学上又被称为不动产,可以有 3 种存在形态,如图 1-6 所示。

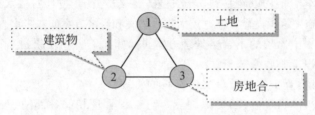

图 1-6 房地产的三种存在形态

法律意义上的房地产本质是一种财产权利,这种财产权利是指寓含于房地产实体中的各种经济利益以及由此而形成的各种权利,如图 1-7 所示。

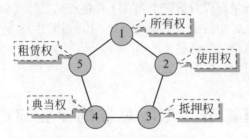

图 1-7 房地产的财产权利

2. 房地产业

房地产业是指以土地和建筑物为经营对象,从事房地产开发、建设、经营、管理以及维修、装饰和服务的集多种经济活动为一体的综合性产业,是具有先导性、基础性、带动性和风险性的产业。房地产业主要包括以下一些内容,如图 1-8 所示。

在实际生活中,人们习惯于将从事房地产开发和经营的行业称为房地产业。

3. 房地产产权

房地产产权是将房地产这一不动产作为一种重要的特殊的财产而形成的物权,是依照国家法律对其所有的房地产享有直接管理支配并享受其利益以及排除他人干涉的权利,包括房地产所有权、占有权、用益权和处分权,具体如图 1-9 所示。

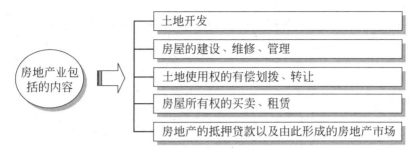

图 1-8 房地产业包括的内容

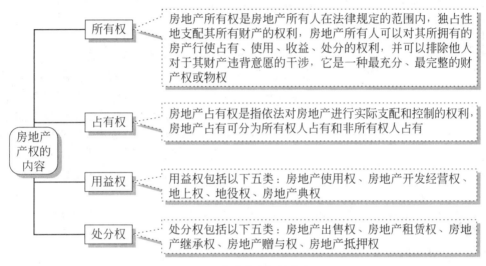

图 1-9 房地产产权的内容

房地产权属登记是指国家管理机关对房地产的权属状况进行持续的记录,并颁发权利证书的法律制度。

由于房地产具有不可移动性的特征,所以房地产的流通仅仅表现为权利主体的变更和相关权利的设定、变更,而权利必须由法律以一定方式进行确认和公示,由此各个国家对房地产的有效管理几乎都通过房地产权属登记来进行,以保障交易安全,促进房地产市场有序发展。

4. 土地

这里所说的土地是指用来作房地产开发的土地,与其相关的基本术语见表 1-1。

表 1-1 土地的相关术语

序号	基本术语	定义
1	土地所有权	土地所有权是指土地所有者依法对土地占有、使用、收益、处分的权利,我国土地所有权分为国家土地所有权和集体土地所有权,自然人不能成为土地所有权的主体

续表

序号	基本术语	定义
2	土地使用权	即国家机关、企事业单位、农民集体和公民个人,以及三资企业,凡具备法定条件者,依照法定程序或依约定对国有土地或农民集体土地所享有的占有、利用、收益和有限处分的权利,一般包括农用地、建设用地、未利用地的使用权
3	土地开发	主要是对未利用土地的开发利用,要实现耕地总量动态平衡,未利用土地开发是补充耕地的一种有效途径,一是土地利用范围的扩大,二是土地利用深度的开发
4	生地	即不具备城市基础设施的土地
5	毛地	即城市基础设施不完善、地上有房屋拆迁的土地
6	熟地	即具备完善的城市基础设施,土地平整,能直接进行建设的土地
7	土地使用年限	住宅的土地使用年限为70年,自取得该地的土地使用权之时算起,房改房的产权土地使用年限起算时间以该地块地上房屋参加房改之后第一个缴纳土地出让金的房屋为准;经济适用房的使用年限为50年;商业、旅游、娱乐用地40年;工业用地和教育、文化、体育、卫生等公益事业性土地,以及综合或者其他用地使用年限为50年

二、住宅知识

1. 住宅的分类

(1) 按住宅的性质划分,主要有以下7种,具体见表1-2。

表1-2 按住宅的性质划分住宅的类型

序号	类别	定义
1	智能化住宅	即将各种家用自动化设备、电器设备、计算机及网络系统与建筑技术和艺术有机结合,以获得一种居住安全、环境健康、经济合理、生活便利、服务周到的感觉,使人感到温馨舒适,并能激发人的创造性的住宅型建筑物
2	商住住宅	即SOHO(居家办公)住宅观念的一种延伸,它适合于小型公司以及依赖网络进行社会活动的人群
3	经济适用住房	即面向中低收入家庭的普通住宅,适用、经济、美观、安全、卫生、便利;符合城市规划的要求;使用功能要满足居民基本生活的需要;建设标准要符合住宅建设标准,结合市场需求确定
4	酒店式公寓	即建筑的结构形式类似于酒店,而负责管理的物业公司提供酒店模式的服务,如客房打扫、洗衣等,同时居室内配有全套家具及厨房设备

续表

序号	类别	定义
5	廉租房	即政府和单位在住房领域实施社会保障功能,向具有城镇常住户口居民的最低收入家庭提供的租金相对低廉的普通住房
6	公有住房	即国家和单位投资建设或购买的,产权属国家或单位所有的住房
7	集资房	即改变住房建设由国家和单位统包的制度,实行国家、单位、个人三者共同承担,通过多渠道筹集资金,由政府或单位组织建房,或由居民自发组织建造住房,以此解决职工住房困难的一种住房建设方式

（2）按住宅的建筑形式划分,主要有以下3种,具体见表1-3。

表1-3 按住宅的建筑形式划分住宅类型

序号	类别	定义
1	单元式住宅	即以一个楼梯为几户服务的单元组合体,一般为多、高层住宅所采用
2	公寓式住宅	即每一层内有若干户独用的套房,包括卧房、起居室、客厅、浴室、厕所、厨房、阳台等
3	花园式住宅	即带有花园草坪和车库的独院式平房或二、三层小楼,住宅内水、电、暖供一应俱全,户外道路、通信、购物、绿化都有较高的标准

（3）按住宅的层数划分,主要有以下5种,具体见表1-4。

表1-4 按住宅的层数划分住宅类型

序号	类别	定义
1	低层住宅	即(一户)独立式住宅、(二户)联立式住宅和(多户)联排式住宅,适合儿童或老人的生活,住户间干扰少,有宜人的居住氛围
2	多层住宅	即借助公共楼梯垂直交通,是一种最具有代表性的城市集合住宅
3	小高层住宅	即7~10层高的集合住宅,从高度上说具有多层住宅的氛围,但又是较低的高层住宅,故称为小高层
4	高层住宅	即住宅内部空间的组合方式主要受住宅内公共交通系统的影响,按住宅内公共交通系统分类,可分单元式和走廊式两大类,其中单元式又可分为独立单元式和组合单元式,走廊式又分为内廊式、外廊式和跃廊式
5	超高层住宅	即多为30层以上,其电梯的数量、消防设施、通风排烟设备和人员安全疏散设施更加复杂,结构本身的抗震和荷载也大大加强,在外墙面的装修上档次也较高

(4) 按住宅的完工程度来划分,主要有以下 8 种,具体见表 1-5。

表 1-5　按住宅的完工程度划分住宅的类型

序号	类别	定义
1	期房	即在建的、尚未完成建设的、不能交付使用的房屋,开发商从取得商品房预售许可证开始到取得房地产权证(大产证)止,在这一期间的商品房称为期房
2	现房	即消费者在购买时具备即买即可入住的商品房,只有拥有房产证和土地使用证才能称之为现房
3	准现房	即房屋主体已基本封顶完工,小区内的楼宇及设施的大致轮廓已初现,房型、楼间距等重要因素已经一目了然,工程正处在内外墙装修和进行配套施工阶段的房屋
4	毛坯房	即未经过处理或只经过部分装修处理的房屋,这些房屋大部分不能保证基本入住,要入住这样的房屋,一般要对其进行较大的改造、装修
5	尾房	即项目销售八九成以后剩余或长时间没有销售出去的房屋,又称之为"尾楼"
6	二手房	即已经在房地产交易中心备过案、完成初始登记和总登记的、再次上市进行交易的房产
7	简装房	即住宅内部做了简单装修,如客厅、卧室的地面、墙面、顶面不做面层;厨房、卫生间的地面、墙面、顶面做了面层;有内门;卫生间内有中档卫生间设备;厨房内有料理台、水龙头、洗涤盆;有简单灯具;不封阳台
8	精装房	即对房子的建筑部分进行过精装修的房子,如对木制的储藏橱和柜,厨和厕的墙、地面等作了精心处理装饰,顶面进行了吊顶,设置了灯池,有的还配备了烟感器、门禁及防盗安全报警装置等

2. 住宅的建筑结构

(1) 从采用的结构墙体材料上分。从采用的结构墙体材料上分,主要有以下两种类型,如图 1-10 所示。

第一类　砌体结构

即我国广泛采用的多层住宅建筑的剪力墙结构形式,一般采用钢筋混凝土预制楼板、屋面板作为楼、屋面结构层,竖向承重构件采用砖砌体,如砖混结构、砌块结构等

第二类　现浇钢筋混凝土结构和轻钢结构等

即由梁、板、柱所组成,框架结构的楼板大多采用现浇钢筋混凝土板,框架间的填充墙多采用轻质砌体墙

图 1-10　从采用的结构墙体材料划分住宅的建筑结构

(2) 从受力传递系统上分。从受力传递系统上分,主要有以下两种类型,如图 1-11 所示。

图 1-11　从受力传递系统划分住宅的建筑结构

3. 住宅的户型结构

(1) 成套单元住宅的户型结构。成套单元住宅的户型结构主要有以下 4 种,具体见表 1-6。

表 1-6　成套单元住宅的户型结构

序号	户型结构	诠释	备注
1	厅	应位于住宅的中心位置,靠近门户,同时与其他房间密切相连,厅的大小要与整套房间的格局相协调	一般 80 平方米的户型,厅的面积以 18~20 平方米为佳
2	卧室	"前厅后卧"是一种较为典型的户型结构	主卧室面积大小要合适,一般以 18 平方米左右为宜
3	厨房	应通风采光良好,应有窗或开向走廊的窗户,并宜配置服务阳台	为避免渗水发生,尽可能做到管道下穿楼板,面积以 5~8 平方米为宜
4	卫生间	应有便溺、洗浴、洗衣等功能,并适当分离与组合	其大小应与整套户型的面积标准相适应,一般以 4 平方米以上为宜

(2) 特殊的户型结构。特殊的户型结构主要有以下 5 种,具体见表 1-7。

表 1-7　特殊的户型结构

序号	类别	定义
1	"蜗居式"小户型	这种小户型住宅,虽比标准户型的面积要小 1/3 左右,但比较精巧,布局较为合理
2	"大开间、空壳型"户型	一般建筑面积为 80 平方米左右,每户有一个无隔墙的大空间,与阳台、厨房、卫生间连接处也只有过梁而没有隔墙门窗
3	"毛坯型"住宅	即完成土建、水电等基本工程;地面为粗糙的混凝土面;房顶仅抹灰层;预留卫生间、浴缸、水、气管道;每套住宅只设防盗功能的分户门,所有其他隔离门一概自装

续表

序号	类别	定义
4	跃层式住宅	即一套单套住宅内占据两层空间,上下两层在室内有楼梯相连,一般下层为客厅、厨房、餐厅、卫生间,上层为卧室、书房、卫生间,也可设有起居室
5	复式住宅	即根据人体工学原理并考虑到住户生活活动频度的差异,对室内空间进行科学的平面和层次的分割

4. 住宅建设的技术经济指标

(1) 建筑密度。建筑密度即建筑物的覆盖率,具体指项目用地范围内所有建筑的基底总面积与规划建设用地面积的比(%),它可以反映出一定用地范围内的空地率和建筑密集程度。

计算公式如下:

建筑密度＝建筑首层面积÷规划用地面积

(2) 建筑容积率。建筑容积率即建筑总楼板面积与建筑基地面积的比值。

计算公式如下:

建筑容积率＝总建筑面积÷总用地面积(与占地面积不同)

(3) 绿地率。绿地率即居住区用地范围内各类绿地的总和与居住区用地的比率(%)。

计算公式如下:

绿地率＝各类绿地总面积÷居住区总面积×100%

(4) 得房率。得房率即套内建筑面积与套(单元)建筑面积的比。

计算公式如下:

套内建筑面积＝套内使用面积＋套内墙体面积＋阳台建筑面积

套(单元)建筑面积＝套内建筑面积＋分摊的公用建筑面积

(5) 实用率。实用率是套内建筑面积和住宅面积的比,大于使用率。

计算公式如下:

实用率＝套内建筑面积÷(套内建筑面积＋分摊的共有共用建筑面积)

相关链接: 常见的房地产建筑类面积术语

一般来说,常见的房地产面积术语主要有以下10种,具体见下表。

常见的房地产建筑类面积术语

序号	面积术语	诠释
1	建筑面积	即建筑物外墙外围所围成空间的水平面积,包含了房屋居住的可用面积、墙体柱体占地面积、楼梯走道面积、其他公摊面积等

续表

序号	面积术语	诠释
2	使用面积	即住宅各层平面中直接供住户生活使用的净面积之和，计算住宅租金，都是按使用面积计算
3	公用面积	即住宅楼内为住户出入方便、正常交往、保障生活所设置的公共走廊、楼梯、电梯间、水箱间等所占面积的总和
4	计租面积	作为计算房租的面积，住宅用房按使用面积计算，包括居室、客厅、卫生间、厨房、过道、楼梯、阳台（闭合式按一半计算）、壁橱等；非住宅用房按建筑面积计算
5	分摊的共有共用建筑面积	即各产权主共同分摊和共同所有并共同使用的建筑面积，包括电梯井、管道井、楼梯间、垃圾道、变电室、设备间、公用门厅、过道、地下室、值班警卫室等，以及为整幢建筑服务的公共用房和管理用房的建筑面积，以水平投影面积计算
6	套内墙体面积	即套内使用空间周围的维护或承重墙体或其他承重支撑体所占的面积，其中各套之间的分隔墙和套与公共建筑空间的分隔以及外墙（包括山墙）等共有墙，均按水平投影面积的一半计入套内墙体面积
7	套内阳台建筑面积	即均按阳台外围与房屋外墙之间的水平投影面积计算，其中封闭的阳台，按水平投影全部计算建筑面积；未封闭的阳台，则按水平投影的一半计算建筑面积
8	公摊面积	商品房分摊的公用建筑面积主要由两部分组成： （1）电梯井、楼梯间、垃圾道、变电室、设备室、公共门厅和过道等功能上为整楼建筑服务的公共用房和管理用房的建筑面积 （2）各单元与楼宇公共建筑空间之间的分隔以及外墙（包括山墙）墙体水平投影面积的50%
9	辅助面积	即住宅建筑各层中不直接供住户生活的室内净面积，包括过道、厨房、卫生间、厕所、起居室、储藏室等
10	销售面积	即商品房按"套"或"单元"出售，其销售面积为购房者所购买的套内，或单元内建筑面积与应分摊的共有建筑面积之和

5. 住宅的三维空间

住宅的三维空间，是指住宅的进深、开间和层高，具体如图1-12所示。

三、商品房销售知识

1. 商品房预售

商品房预售是指房地产开发企业与购房者约定，由购房者交付定金或预付款，而在未来一定日期拥有现房的房产交易行为，其实质是房屋期货买卖，买卖的只是房屋的一张期货合约。

（1）商品房预售的条件。房屋预售虽然是一种可行的销售方式，但如果管理

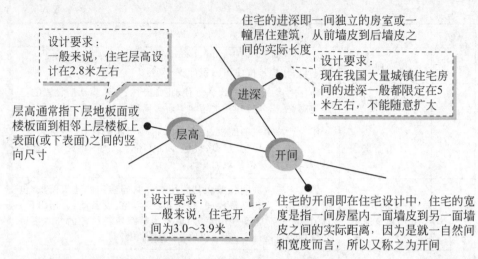

图 1-12　住宅的三维空间

不善，极易导致投机行为，损害消费者的正当权益。为此，《中华人民共和国城市房地产管理法》专门对房屋预售的条件作出了规定。根据该法第四十四条第一款的规定，房屋预售应当符合下列条件，如图 1-13 所示。

条件一	已交付全部土地使用权出让金，取得土地使用权证书
条件二	持有建设工程规划许可证
条件三	按提供预售的房屋计算，投入开发建设的资金达到工程建设总投资的25%以上，并已经确定施工进度和竣工交付日期
条件四	已经同金融机构签订预售款监管协议
条件五	取得商品房预售许可证明

图 1-13　商品房预售的条件

（2）《商品房预售许可证》的申请和办理。开发企业进行商品房预售前，应向房地产管理部门申请预售许可证，取得《商品房预售许可证》，才可以进行商品房预售。在申请《商品房预售许可证》时，需带齐以下资料。

——企业法人营业执照（副本）。

——房地产开发企业资质证书（副本）。

——国有土地使用权证。

——建设用地规划许可证。

——建筑施工许可证。

——建设工程规划许可证。

——计委立项批文。

——《市行政服务中心建设项目一站式审批办证收费核查表》、《市行政服务中心建设项目一站式收费审核把关表》。

——总平面图。

——预售方案：商品房的位置、结构、朝向、装修标准、竣工交付日期、预售面积、预售套数、预售均价、预售对象、预售方式、委托代理机构证书、委托合同。

——施工合同。

——房地产开发项目手册。

——白蚁预防证。

——前期物业管理用房备案通知书。

——商品房投资强度咨询报告。

（3）商品房预售的一般流程。一般来说，商品房的预售可以按照以下流程进行，如图1-14所示。

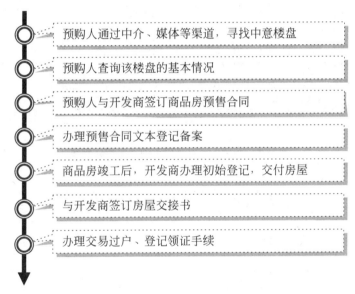

图1-14　商品房预售的一般流程

（4）预售商品房的转让。预售商品房的转让即房地产权利人通过买卖、赠予或者其他合法方式将其房地产转移给他人的行为。

允许预售商品房进行转让是有前提条件的，其具体内容如图1-15所示。

在办理预售转让手续时，一般有以下两种情况。

——买受人一次性付款的预售转让流程。一般来说，买受人一次性付款的预售转让，应按照以下步骤进行，如图1-16所示。

——买受人通过银行贷款付款的预售转让流程。一般来说，买受人通过银行贷款付款的预售转让，应按照以下步骤进行，如图1-17所示。

条件一	开发商与买受人所签订的商品房买卖合同在有效期内
条件二	商品房预售合同已生效,并办理了预售登记或交易手续,交清了相关的税费
条件三	预售房屋还没有实际交付之前
条件四	转让行为符合当地有关法规、政策,没有违法行为

图 1-15　允许预售商品房进行转让的前提条件

- 买受人与受让人签订一式四份的转让合同,合同中应载明转让的预售合同的编号、转让原因、金额、面积、双方的权利和义务等内容,转让合同必须征得开发商的同意并在合同上签字盖章
- 转让双方持预售合同、转让合同及有关的证件,到预售登记的交易主管部门申办预售转让登记
- 经审核符合规定的,报市国土与房屋管理局审批
- 经交易管理部门批准转让的,转让双方应缴纳相关税费
- 转让合同在加盖"预售登记专用章"后,买受人所持原商品房买卖合同正本移交给受让人,等房屋正式交用后,凭此件办理过户手续

图 1-16　买受人一次性付款的预售转让步骤

- 开发商、银行、买受人、受让方应共同协商,达成一致意见后,买受人向贷款银行提出申请,要求转让所购房屋、解除贷款合同,并要经过银行同意
- 开发商与原买受人解除原房屋买卖合同,并与受让方重新签订商品房买卖合同
- 办理预售合同登记的变更手续,其与买受人一次性付款的预售转让的手续相同
- 买受人与贷款银行解除借款合同,开发商与贷款银行解除担保合同

图 1-17　买受人通过银行贷款付款的预售转让流程

2. 商品房现售

商品房现售是指房地产开发企业将竣工验收合格的商品房,出售给买受人,并由买受人支付房价款的行为。

商品房现售的条件。国家对商品房现售的条件做了具体的规定,其具体内容如图 1-18 所示。

条件一	现售商品房的房地产开发企业应当具有企业法人营业执照和房地产开发企业资质证书
条件二	取得土地使用权证书或者使用土地的批准文件
条件三	持有建设工程规划许可证和施工许可证
条件四	已通过竣工验收
条件五	拆迁安置已经落实
条件六	供水、供电、燃气、通信等配套基础设施具备交付使用条件,其他配套基础设施和公共设施具备交付使用条件或已确定施工进度和交付日期
条件七	物业管理方案已经落实

图 1-18　商品房现售的条件

3. 商品房买卖合同应具备的内容

根据有关法律规定,商品房买卖合同应当明确以下主要内容,如图1-19所示。

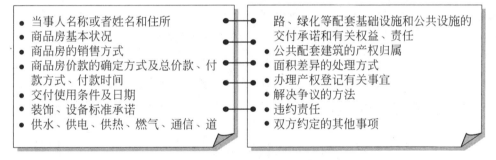

图 1-19　商品房买卖合同应具备的内容

4. 商品房的五证、二书

商品房的"五证"是指"国有土地使用证""建设用地规划许可证""建设工程规划许可证""建设工程施工许可证""商品房销售预售许可证";"二书"是指《住宅质量保证书》《住宅使用说明书》。具体如图1-20所示。

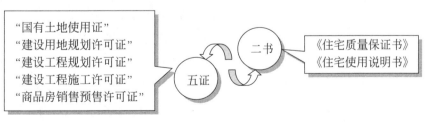

图 1-20　商品房的五证、二书

📖 **相关链接：** 《商品房销售许可证》的办理

一、办理《商品房销售许可证》所需资料。

一般来说，在办理《商品房销售许可证》时，需要带齐以下资料。

(1) 商品房销售申请书。
(2) 开发资质证书。
(3) 企业法人营业执照。
(4) 授权委托书。
(5) 国有土地使用证。
(6) 建设项目批文及建设工程规划许可证。
(7) 施工许可证及规划核准图。
(8) 人防批复。
(9) 预售房款监管合同。
(10) 前期物业管理协议。
(11) 地名办批复及公安门牌编号。
(12) 外销批文。
(13) 预售商品房共用部位审核表。
(14) 窗口表。
(15) 其他材料。

二、办理《商品房销售许可证》的基本流程

在办理《商品房销售许可证》时，可按照以下流程进行，如下图所示。

办理《商品房销售许可证》的基本流程

四、价格与付款方式知识

1. 价格术语

作为一名工程总监，应该知晓与房产销售价格相关的价格术语，具体见表1-8。

2. 付款方式

为了吸引客户，许多房地产公司都会提供多种付款方式供客户选择，比较常见的有一次性付款、分期付款、按揭付款，如图1-21所示。

表 1-8 价格术语

序号	类别	定义
1	起价	起价也叫起步价,是指本物业所有房源中的最低销售价格,一般是指户型格局、朝向不好的楼房价格
2	基价	基价也叫基础价,是指经过核算而确定的每平方米商品房的基本价格,基价是针对房地产定价方法而言的,与起步价没有关系
3	均价	均价是指本物业的平均销售价格,将各套房子的销售价格相加之后除以各单位建筑面积的总和,即可得出每平方米的均价,均价一般不作为对外的销售价格
4	表价	表价是指楼盘销售价目表上标明的各具体单元的销售价格

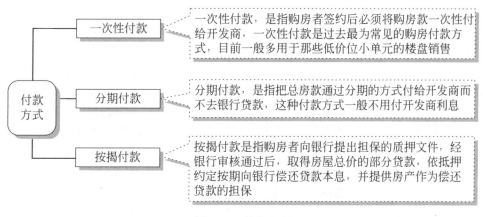

图 1-21 付款方式

第三节 工程总监的素质要求

工程总监作为整个工程项目的灵魂人物,承担着项目建设的管理、技术、协调等诸多方面的主持工作。工程总监素质的高低、综合能力的高低,直接影响着工程建设的方方面面。

根据工程建设的岗位需要,工程总监应该具有如下素质。

一、扎实的业务素质

工程总监必须具有较高的学历,扎实的、丰富的专业知识,丰富的工程建设实践经验,足够的法律和经济知识。现代建设工程规模巨大,多功能兼备,涉及的领域较多,应用科技门类广泛,人员分工协作复杂,特别是经济、科技和计算机、通信的不断发展,全球化、信息化已成为现代项目管理的明显趋势,如果没有精深广博的现代科技理论知识、经济管理理论知识和法律知识作基础,工程总监是很难胜任其工作岗位的,这就要求工程总监应当具有较高的学历和多学科的专业知识,具体如图1-22所示。

- 知识一 应具有扎实的专业基础,这是胜任总监理的关键
- 知识二 应当熟悉与所监理工程相关的专业
- 知识三 应当具有丰富的工程实践经验,多年从事建筑的设计、施工、管理工作
- 知识四 掌握现行的法律、法规、规范、规程;了解新工艺、新技术

图1-22 工程总监应当具有的专业知识

二、出色的项目管理能力

管理学也是一门科学,是对人类行为进行有效地约束与督促的学问。工程总监进行建设工程监理的过程中,对于工程进度、质量、投资的控制,很大程度上是直接面对工程建设施工队伍的,如果工程总监具备工程管理学知识,就能在严格监督的前提下有效地调动工程建设队伍的积极性,从而保证监理目标的实现。

项目建设规模逐步增大,系统越来越多,协调越来越烦琐,这将要求项目管理必须以合同为依据,管理为主线,加强工程质量、工程进度、工程成本三大目标的控制,加强协调好参建各方等的公共关系。

总监应是项目管理的一个复合型人才,不能单懂技术还要懂协调,控制和协调是工程项目管理上的两个主要功能,它们是一个对立的统一体,其关系如图1-23所示。

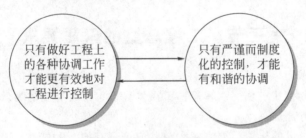

图1-23 控制与协调的关系

明确目标、严格控制、优化方案、组织协调、专职专责是管理的中心所在,管理是项目建设的重中之重。

三、敏捷的经济头脑

经济学知识也是工程总监不可缺少的,尤其是对于项目的经济分析及合同管

理方面的知识。具备这两方面知识，不但能使工程总监参与可行性研究及项目决策、项目招投标工作，处理索赔与反索赔工作等，拓宽了工程总监的工作领域，而且也方便了工程总监的工作，以合同为依据展开监理业务，并以合同为依据维护自身利益。

四、丰富的现场实践经验

基础理论与实践经验像一把双刃剑，缺少其中任何一项都可能使这把剑失去威力。实践经验对工程总监是十分重要的，没有丰富的实践经验，往往不能很好地利用已经掌握的理论基础知识，从而使建设监理业务不能顺利完成，甚至导致失败。

如图1-24所示列出的是参加工程建设的11个方面的实践经验。

图1-24　参加工程建设的实践经验

五、熟练的计算机操作技能

工程总监在开展工作时，会遇到大量的信息处理问题，其中主要是一些施工过程的数据、合同管理、施工进度控制以及大量的施工日记、报表等，没有一定的计算机知识，就不能以现代化的信息处理手段来完成信息处理工作。现在的工程建设，计算机已经普及，准确熟练地运用计算机处理事物是信息时代的基本技能。

六、良好的职业道德和敬业精神

工程总监在项目实施过程中处于核心位置，其行为及决定直接关系并影响到业主、承包人和各有关方面的切身利益。因此，工程总监应具有科学的工作态度、廉洁奉公、为人正直、办事公道的高尚情操，做事不偏不向、实事求是、不带个人情绪处理问题。

另外，总工程总监还必须有坚定的敬业精神，能够看到工程监理事业有着广阔的发展前景，愿意为国家建设和所属监理单位的发展作出贡献，这种良好的职业道德和坚定的敬业精神是工程总监的思想基础。

七、健康的体魄

工程总监应具有健康的身体和充沛的精力。工程总监为了完成工作任务，有时必须到施工现场，由于现场条件艰苦，工作时间长，这就决定了工程总监必须具备健康的身体和充沛的精力，否则难以胜任总监的任务。

在项目建设中工程总监扮演的是策划者、组织者、协调者、监督者为一身的角色，因此工程总监的工作贯穿于一个建设项目的全过程，对项目实施全过程、全方位、动态的管理，工程总监的素质高低对项目建设有着极大的影响作用。

第二章

项目前期运作管理

第一节　工程项目策划管理
第二节　工程报建管理
第三节　开工手续办理
第四节　工程施工准备工作

工作指引

　　一个工程项目从最初的设想、评估、决策到设计、工程招标，再到进场施工直至竣工，是一个系统的工程，最终的目的是形成一个质量可靠的工程。建设工程项目管理是工程建设的关键保障，而前期管理在项目管理中的重要性尤为突出。

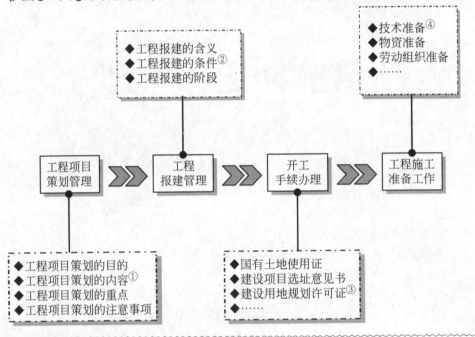

【图示说明】

　　① 房地产开发项目工程策划一般包括如下内容：目标策划、风险策划、项目组织管理策划、资金计划、成本计划、施工策划、资源策划、后勤保障、项目管理策划、工作计划。

　　② 工程报建是工程建设项目的管理程序，报建需要具备的条件如下：水、电、气、路通好，平场地；完成了施工组织设计或技术方案的审批；开工报告获得了批准；特种作业或需要监检的告知已办理完成。

　　③ 在城市范围内开发建设房地产项目，建设项目的用地单位应按规定程序申请办理建设用地的规划审批手续。在取得建设用地规划许可证后，才可按程序办理以出让方式取得国有土地使用权、以划拨方式取得的国有土地使用权或征用集体土地的各项审批工作。

　　④ 技术准备是施工准备的核心。由于任何技术的差错或隐患都可能引起人身安全和质量事故，造成生命、财产和经济的巨大损失，因此必须认真地做好技术准备工作。技术准备的具体内容如下：熟悉、审查施工图纸和有关的设计资料；原始资料的调查分析；编制施工图预算和施工预算；编制施工组织设计。

第一节 工程项目策划管理

简单地说,策划就是制定方案,进行计划,实现某个预期目标。工程项目策划就是为实现项目目标而做的详细工作计划,就是对如何完成工程项目,制定方案,编制计划,实现预期目标。

一、工程项目策划的目的

现代社会人类的活动已经越来越复杂,社会化分工下多组织配合协调是项目的基本形态,工程项目也是如此。对一个复杂的工程项目,事先不策划好,贸然行动,后果可能不堪设想。

工程项目策划的目的就是实现项目的预期目标(也就是合同目标,包括工期、质量等),节约成本,获得最大经济效益。换句话说,策划就是为了获得更好的结果。

二、工程项目策划的内容

工程项目策划一般包括如图 2-1 所示的内容。

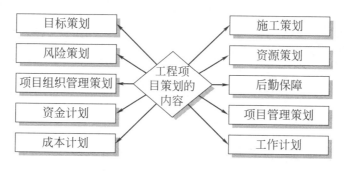

图 2-1 工程项目策划的内容

1. 目标策划

目标是宗旨,目标是行动纲领。在不同的目标下,项目管理会有截然不同的方法或态势。目标策划主要是识别出项目管理的各项具体目标。项目除合同目标(如工期目标、质量目标等)外,不同的项目可能存在不同的目标,具体如图 2-2 所示。

当然,项目目标还应包括其他相关的目标(客户、供应商、社会、建设主管

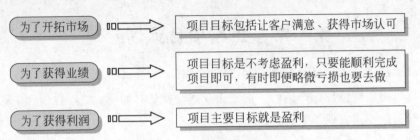

图 2-2　不同的项目目标

部门等），满足不同对象的目标需求，实现双赢或共赢，将会更好地促进企业的可持续发展。

项目目标的描述可以是定性的，也可以是定量的，但目标必须具体，概念完整，内涵清晰，不能模糊不清。目标是通过管理来实现的，目标策划后、项目实施中，应定期进行目标分析，防止行动偏离；对定性的目标，主要管理项目管理的行为是否符合要求，对定量的目标，要进行目标测量，进行分析、改进。

2. 风险策划

风险策划的核心是识别出项目的主要风险，并制定风险对策。项目的风险主要如图 2-3 所示。

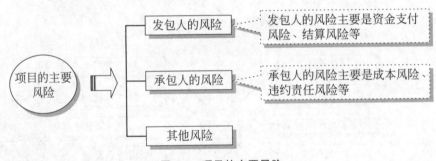

图 2-3　项目的主要风险

风险识别后，要制定风险基本对策，风险对策要有很强的原则性。

比如，对发包人的资金支付风险，在风险策划中明确提出"发包人一旦不按合同付款，必须停工"等。

风险是动态的、变化的，项目实施中原有的风险可能消失，也可能产生新的风险，因此对项目风险要进行动态管理。

3. 项目组织管理策划

项目组织管理策划的核心是确定项目管理模式，解决分配、责任、管理问题。目前项目管理的主要模式如图 2-4 所示。

项目管理模式确定后，紧跟着就是组建项目部，确定管理人员，进行岗位职

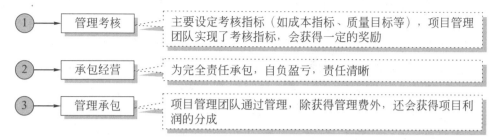

图 2-4 项目管理的主要模式

责划分,将项目管理的各项具体工作落实到人。

4. 资金计划

完成任何一项工作都需要发生费用,需要花钱,因此,落实好项目启动资金,做好项目实施中的资金需求计划至关重要。资金到位是项目能连续、正常施工的基本保证。资金计划可在施工总进度计划、工作计划编制后,结合市场行情(供方是否可垫资等)进行编制。

资金计划的核心要素如图 2-5 所示。

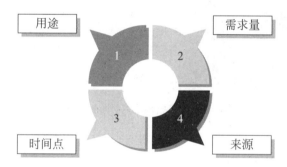

图 2-5 资金计划的核心要素

当项目自有资金(预付款、工程款)不能满足需要时,应有筹资方案,并进行财务成本分析等。

5. 成本计划

做项目一般情况下都是为了盈利,因此,做好项目的成本计划,进行有效的成本管理就显得非常重要。成本计划的核心是编制项目的计划成本,控制费用,作为今后项目管理(施工方案、合同签订、结算及付款等)的基本依据。成本计划与项目的施工方案、采购与分包等是互动的,也就是说,成本计划需要通过编制、比较、修订、确认。

比如,某些工程子项,若自营施工,可能比分包的成本还要高,这时分包就可能是恰当的选择。

计划成本的核心要素如图 2-6 所示。

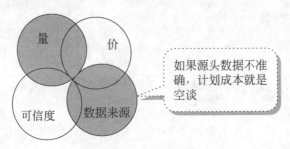

图 2-6　计划成本的核心要素

6. 施工策划

施工策划主要是解决如何通过技术、组织来完成任务。重点要考虑如图 2-7 所示的问题。

图 2-7　施工策划重点考虑的问题

对一些施工技术要求相对高（如深基坑）、工程相对复杂（如城市综合体项目）的项目，施工技术的选择、施工方案的策划显得尤为重要。施工策划是编制项目计划成本的基础。在施工策划的基础上，可编制项目施工组织设计、施工方案等。

7. 资源策划

在施工策划的基础上，结合施工承包合同、施工图等有关资料，确定项目人、材、机等主要资源。

资源策划的步骤如图 2-8 所示。

资源策划对项目的计划成本也是一个反馈与互动。境外工程资源策划尤为重要，有时甚至是项目成败的关键。

8. 后勤保障

后勤保障主要解决吃、住等问题。对一些规模较大的项目，解决了后勤保障问题，就解决了劳务人员的稳定性。对一些偏远地区的项目、境外工程项目、施

| 第一步 | 先解决资源品种、规格型号及需求量的问题 |
| 第二步 | 后考虑资源的来源、供应方式（甲供、乙供）、大宗物资的物流和资源进场计划等 |

图 2-8　资源策划的步骤

工战线较长的项目，后勤保障也是项目策划的一个重点。

9. 项目管理策划

项目管理策划，主要确定项目各项管理制度和流程，这是保证项目管理规范、有序的基本手段。项目管理制度应简明扼要，项目管理流程应具有很强的操作性。项目管理的内容很多、很丰富，但针对具体的项目，要结合项目的特点、发包人、项目所在区域、合同条件等各种因素，认真分析，确定重点。

10. 工作计划

将纲领变成行动、将思考变成现实，需要的是一份完整的行动计划，这就是工作计划。工作计划应紧紧围绕工程项目目标、工程项目总进度计划、工程项目各项管理制度等制定。特别是在施工准备阶段，编制一份详细的项目工作计划是保证项目有条不紊进行的有力措施。工作计划的核心要素如图 2-9 所示。

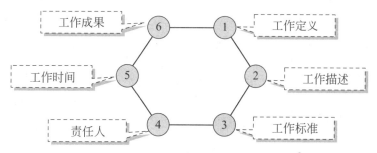

图 2-9　工作计划的核心要素

三、工程项目策划的重点

工程项目策划的内容很多，彼此之间相互影响，是一个有机的整体，但针对不同的项目，项目策划的重点有所不同。有的项目策划以成本管理为重点，比如对一些单价包干的项目，材料涨价风险全部由承包人承担，则项目策划的重点就是如何规避材料涨价风险，确保项目盈利；有些项目以开拓市场为主，项目策划则要围绕如何使业主满意、市场认可为主。

就一般意义上分析，项目策划的重点如图 2-10 所示。

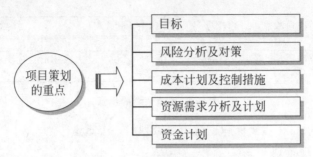

图 2-10 项目策划的重点

四、工程项目策划的注意事项

工程项目策划中要有多方案比较，特别是施工方案、计划成本等，只有经过多方案比较，才能好中选优。注意不要把工程项目策划编制成施工组织设计。施工组织设计本质上是解决怎么干的问题，项目策划本质上是解决怎么干好的问题。项目策划对施工组织设计而言，应该是纲领性文件，比施工组织设计内容要广得多。

工程总监在做项目策划时要注意如图 2-11 所示的事项。

事项一	项目策划一般由浅入深、由粗到细、由刚到目，是一个逐步完善的过程，不可能一成不变
事项二	项目策划要注意主次之分，主要的地方要深、细、准，次要地方兼顾即可
事项三	项目策划有许多假定条件，但假定要有一定的科学性，不能太离谱，否则编制出来的项目策划可能差之毫厘，谬以千里
事项四	项目策划要简练，文字通畅，言简意赅，多用图表说话，多用流程；切忌重形式不重内容，策划方案要有很强的可执行性

图 2-11 工程项目策划的注意事项

下面提供一份××工程项目管理策划书的范本，供读者参考。

【实战范本】××工程项目管理策划书

××工程项目管理策划书

一、工程项目管理概况

（1）工程名称：××××工程。

（2）工程地点：××省××市××路。

（3）工程规模：3498.3 平方米。

（4）建设单位：××市××××有限公司。

（5）设计单位：××××建筑设计有限公司。

（6）施工单位：××××建筑有限公司。

二、项目管理范围及目标

1. 项目管理范围

从项目管理范围来看，本项目管理任务涵盖开工、工程施工、验收、竣工、工程结算、移交、保修等项目建设全过程。从项目管理服务的生命周期过程来看，本项目的管理任务，从开工后至项目竣工验收移交。主要管理工作包括但不限于以下内容。

（1）施工质量管理。施工质量管理应围绕质量目标，制订相应的质量控制计划，并落实到相应的责任单位和责任人。代建人的施工管理重点在于组成由代建人、监理公司、施工单位共同参加的质量保证体系，通过促进监理、施工单位的工作质量及对各重点施工工序、部位的检查，加强质量预控，确保质量目标的实现。此外，建设工程档案资料的管理也是施工质量管理的重要一环。

（2）施工进度管理。施工进度管理也称施工进度计划的管理。首先，代建人应组织各参建单位建立以项目进度总体控制计划为基础的三级进度计划体系。施工单位编制的二级进度网络计划水平是评标的重要指标。一、二、三级计划一环扣一环，将进度计划目标落实到每一天、每一个施工部门、每一个责任单位。其次，计划的检查和改进、每周工程例会和每月进度计划检查，是分析进度滞后环节和关键影响因素的重要手段。对进度问题的管理办法和手段应纳入相应的合同中，使项目管理进度措施有据可依。

（3）安全管理。组织各参建单位认真贯彻执行国务院颁布的《建筑工程安全生产管理条例》，在工程全过程管理中，坚持"安全第一、预防为主"的方针，全面履行代建人职责，做好本项目的安全生产和消防保卫管理工作。

（4）环境管理。根据确定的环境保护和文明施工管理目标，对本项目实施环境保护和文明施工管理，实现文明工程，创建绿色环保工程。

（5）整体工程竣工验收。整体工程竣工验收是对工程设计、施工、资料质量的一次重大的综合考评。代建人项目管理部应组织成立工程验收小组，由市建委、代建人、设计、监理、施工等单位人员参加。首先组织各专业各部位的系统性检查验收，发现问题落实整改措施和期限并进行复验，只有各方初验合格才可报请质检站参加竣工验收备案。根据以往经验，整体工程验收中绝不可忽视设计问题和资料问题，整体工程验收的重点在于组织落实。

（6）竣工结算。竣工结算不仅是对项目部成本管理目标完成情况的考核，更是对项目管理部工作质量的重要考核。项目管理部应提前要求各单位做好相应的结算资料，并编制细致的竣工结算计划。结算审核应坚持有理有据、公平合理的原则，各单位编制的结算经监理单位和代建人初审后，最终报市财政局审定。

（7）工程保修。自工程整体竣工验收移交之日起，即进入工程保修期。施工方的保修责任应有严谨的保修合同约定，代建人负责组织落实保修中的质量责任分析和整改。

2. 项目管理目标

（1）工期管理目标。本工程于2015年10月5日开工，合理工期为15个月，按市政府要求，定于2016年9月1日竣工，实际工期为10个月，时间紧、任务重。我司将调集精干力量，精心组织，确保按时开工，各工期节点按时完成率达95%以上，力争工程提前竣工。

（2）成本管理目标。在遵循"先进""合理"原则的基础上，确保成本目标符合企业的实际情况。在实施过程中层层分解、落实到位，使全体工作人员都知道如何为实现成本目标做出贡献。同时组织应增强成本目标的可考核性，并通过各职能和层次成本目标的实现来保证组织总体成本目标的实现。本工程采取流水施工，尽量提高劳动生产率，缩短工期，节约劳动生产力，节约机械设备费用，合理布置临时设施，尽量使用永久性建筑物、构筑物或现有设施为施工服务，降低施工设施建造费用，尽量利用装配式施工设施，提高其安装速度，降低成本约2.5%。

（3）质量管理目标。在施工全过程中，按照IS 9001：2000质量标准进行管理。加强全面质量施工管理，严格按照质量体系组织施工，树立精品意识，落实质量措施，保证本工程一次验收合格率100%，优良率90%以上，保市优争国优。在本工程的建设中，要求全体施工人员都要牢固树立"质量第一"的意识，贯彻"质量第一求效益，用户至上得信誉"的企业宗旨，以"精心施工、严格要求、事前控制、杜绝返工"的指导思想，严格每个施工工序、施工环节的施工。

（4）安全文明施工管理目标。严格执行国家、省、市的有关安全质量生产法规、施工安全规则，杜绝工伤死亡、火灾事故，重伤频率控制在0.03%以内，轻伤频率控制在1.0%以内，创安全达标优秀工地，创三优文明施工样板工地及环境保护先进单位。

（5）环保管理目标。严格按照××省××市及公司的环境保护有关通知，规定进行管理施工，合理布置施工现场，做好道路硬化，土地面种草绿化，做到黄土不露天。对生产生活污水进行三级沉淀、隔油等措施后再排入市政管线或用于湿润现场场地洒水，合理布置甲方和我公司的企业文化标识，使施工现场成为展现甲方和我公司现场管理的一个窗口。噪声控制目标：结构施工，白天<70dB，夜间<55dB；装修施工，昼间<65dB，夜间<55dB。

三、施工项目管理组织机构设置

（略）。

四、项目管理部工作制度

（略）。

五、工程项目进度安排及保证措施

（略）。

六、项目成本控制

1. 项目总成本目标

工程项目成本控制的目的是实现"项目管理目标责任书"中的责任目标。项目经理部通过优化施工方案和管理措施，确保在计划成本范围内完成质量符合规定标准的施工任务，以保证预期利润目标的实现，简言之就是降低项目成本提高经济效益。

2. 施工阶段投资控制措施

（1）组织措施。编制本阶段投资控制详细工作流程图；在项目管理方中落实从投资控制角度进行的人员、具体任务及管理职能分工。

（2）经济措施。

——进行工程计量（已完成的实物工程量）复核。

——建立审核工程付款账单程序并执行。

——建立审核工程量变更程序并执行。

——建立索赔管理程序并执行。

——审核竣工决算。

——建设方另行组织审计单位进行竣工审计。

（3）合同措施。依据合同，规范现场签证、变更的程序，严格按程序管理。

3. 保证成本目标实现的技术组织措施

（1）做好成本预测工作。成本预测的任务主要是进行社会调查，了解当地劳务、建筑材料的价格情况；收集类似施工的成本水平和利润水平资料，编制施工预算，与投标报价对比，分析差异，采取新技术、新工艺等技术组织措施和编制降低成本措施。其次是进行科学的实事求是的成本预测。

（2）编制成本计划。成本计划是编制财务计划、确定利润计划和计算流动资金定额的依据，是加强成本管理的重要工具，是实行项目经济承包责任制，开展经济核算，控制施工生产费用，实行目标管理的基础，也是考核和分析成本节超的依据。

（3）分析影响成本的因素。其主要有以下6个方面。

——选择先进的施工方案，合理布置施工现场和工艺流程。

——加强劳动力计划管理，减少固定工人。减少从大本营带去农民合同工，在业主同意的情况下，充分利用当地劳务，减少人工费的支出。

——加强物资管理，采用集中采购，按计划供应，减少采购环节，降低采购成本。

——加强机械设备的管理，提高机械设备的完好率和利用率，合理配备施工生产机械，随时将现场不用机械设备调回本部，使用量少的可在当地租用，这样可减少机械支出成本。

——加强费用管理，严格执行各项费用开支标准和范围，贯彻精兵简政的原则，合理设置机构；采用一人多职的方法，尽量压缩和减少管理人员和服务人员，提高工作效率，减少费用支出。

——积极做好索赔工作。

（4）加强成本核算。科学的确定成本核算的对象，能准确反应成本对象的真实情况，有利于成本管理和分析，从而揭示施工生产管理中出现的问题和弊端，提供准确的信息，以便领导决策之用。

（5）搞好成本控制。成本控制是成本管理的重要环节，是成本目标实现、改善经营管理的重要手段，是实行经济承包责任制的重要条件，而经济承包责任制又是实行成本控制的重要保证。本工程的成本控制是对整个施工生产经营活动全过程、全方位的控制。

（6）降低成本计划。

——严格执行材料消耗定额，建立领用和发放制度，贯彻节约有奖、浪费罚款原则，注意保管，严防损坏、丢失。

——砌筑、抹灰、浇筑混凝土减少落地灰，落地灰及时收集利用，节约材料，减少浪费。

——浇楼板混凝土掺早强剂，强度达到 50% 可提前拆模，但要保留养护支撑，以提高支撑和模板的周转次数。

七、工程质量控制及质量保证措施

（略）。

八、安全保证措施

（略）。

九、文明施工管理措施

（略）。

十、工程合同管理

（略）。

十一、工程项目风险管理

1. 项目风险管理目标

由于项目建设方案是建立在对于将来情况（政治、经济、社会、自然等）预测的基础上，是基于正常的、理想的技术、管理和组织之上的，因而在实际的实施过程中可能会发生预想不到的变化，这些不确定的变化常常会使原来的计划和目标受到干扰，如进度延误、成本超支等，从而产生项目风险。

项目的风险管理目标是：全面考虑建设过程中，由于复杂的自然环境和社会环境所造成的风险及一切不可抗力因素，并策划合理的风险管理策略来减轻或降低项目的损失及因计划变动而增加的费用支出，以最少的成本保证项目安全、可靠地实施，实现项目的总体目标。

2. 对项目建设期间的风险认识

由于项目管理工作主要处于项目实施阶段，因此，管理公司对实施阶段风险的充分认识将大大降低项目的风险，有助于项目目标的顺利实现。项目建设期间的风险大致存在于以下几个方面。

（略）。

3. 项目风险管理的原则及步骤

（略）。

4. 项目风险防范及控制措施

（1）风险防范措施。良好的保险和风险管理措施，将有助于项目建设的健康发展，因此特提出如下防范措施。

——技术措施。对项目选择有弹性的、抗风险能力强、具有现实操作性的技术方案，避免使用新的、未经过工程检验的、不成熟的施工方案；对地理、地质情况进行详细勘察或鉴定，预先进行技术试验、模拟，准备多套备选方案，采取有效保护措施和安全保障措施。

——组织措施。加强计划工作，选派最得力的项目经理和技术、管理人员；将风险责任落实到各个组织单元，树立大家的风险意识；相应提高项目的优先级别，在实施过程中严密控制。对大市政工程拟采取以下措施：我方将凭借在类似工程的经验，充分利用良好工作基础和人脉关系，合理安排前期申报手续的办理，有效节约该阶段时间；选派有经验的项目管理人员，结合现场条件和主体工程进度计划，确定合理施工周期，科学组织规划现场交通，保证良好的工程建设秩序。

——保险。对项目中的一切无法排除的风险，如常见的工程损坏、第三方责任、人身伤亡、机械设备的损坏等将通过购买保险的方式解决，当风险发生时由保险公司承担（赔偿）损失或部分损失。

——保险安排后仍需预防灾害和事故。尽管对项目的建设期安排了保险，但是灾害和事故造成的后果，不是保险公司支付的赔偿费用所能完全弥补的，保险的各关系方仍然要采取各种措施，防止灾害的发生和扩大。

（2）风险控制。项目工程建设中的风险控制主要贯穿在进度控制、成本控制、质量控制、合同控制等过程中。

——风险监控和预警。在工程建设过程中不断收集和分析各种信息，捕捉风险前奏的信号，如通过天气预测警报、各种市场行情、价格动态、政治形势和外交动态等；在工程建设过程中通过工期和进度的跟踪、成本的跟踪分析、合同管理、各种质量监控报告、现场情况报告等手段，了解工程风险；在工程的实施状况报告中应包括风险状况报告。

——及时采取措施控制风险的影响。风险一经发生则应积极地采取有力措施，降低损失，防止风险的蔓延。

——在风险状况中，保证工程的顺利实施。如发生上述风险，管理公司保证全力控制工程施工现场，并迅速恢复生产，按原计划完成预定目标，防止工程中断和成本超支。或实事求是地调整计划，降低风险损失，同时积极争取获得风险的赔偿。进度计划的调整须经原编制人修改,进度计划工程师审查,原审定人批准,其中项目总进度计划及系统主进度计划、项目总体施工进度计划、项目试车总体进度计划的调整须经项目经理批准和业主确认。

费用计划的调整要严格执行项目重大变更管理程序,其中业主变更须经我公司项目经理审查和业主确认。内部变更由建议人提出,我公司项目部内主管经理审查,项目经理批准,应通过业主变更、内部变更或内部调整等办法重新修订费用进度计划,使两者协调一致,制定新的执行效果测量基准,从而达到有效控制的目的。运用赢得值原理进行项目费用进度综合检测控制。

第二节 工程报建管理

开发报建业务是房企开发项目得以顺利开展的重要环节,在开发报建业务工作上做到"精心策划,狠抓落实,办事高效",能有效降低开发成本,缩短开发周期,为企业创造更大的经济效益。

一、工程报建的含义

报建是指工程建设项目的报建。工程建设项目报建是指工程建设项目由建设单位或其代理机构在工程项目可行性研究报告或其他立项文件被批准后,须向当地建设行政主管部门或其授权机构进行报建,交验工程项目立项的批准文件,包括银行出具的资信证明以及批准的建设用地等其他有关文件的行为。

一般来说,工程报建所涉及的主要部门如图2-12所示。

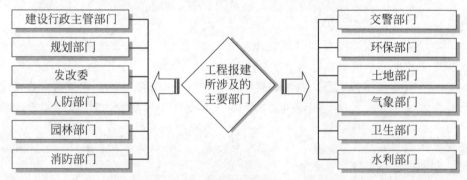

图2-12 工程报建所涉及的主要部门

二、工程报建的条件

工程报建是工程建设项目的管理程序。报建需要具备的条件如图2-13所示。

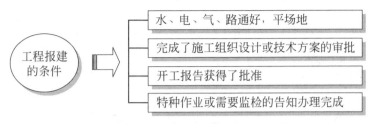

图 2-13　工程报建的条件

三、工程报建的阶段

根据我国当前法律、法规、规章,房地产建设项目的行政许可程序一般共分八个阶段,如图 2-14 所示。

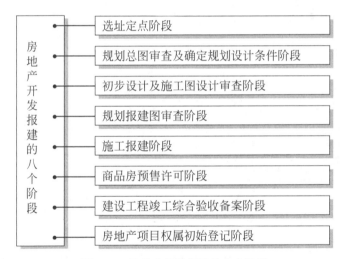

图 2-14　房地产开发报建的八个阶段

1. 选址定点阶段

此阶段一般办理如图 2-15 所示的事项。

2. 规划总图审查及确定规划设计条件阶段

此阶段一般办理如图 2-16 所示的事项。

3. 初步设计和施工图设计审查阶段

此阶段一般办理如图 2-17 所示的事项。

4. 规划报建图审查阶段

此阶段一般办理如图 2-18 所示的事项。

5. 施工报建阶段

此阶段一般办理如图 2-19 所示的事项。

事项一	计委审查可行性研究报告和进行项目立项
事项二	国土资源局进行土地利用总体规划和土地供应方式的审查
事项三	建委办理投资开发项目建设条件意见书
事项四	环保局办理生产性项目环保意见书（表）
事项五	文化局、地震局、园林局、水利局对建设工程相关专业内容和范围进行审查
事项六	规划部门办理项目选址意见书

图 2-15　选址定点阶段需办理的事项

事项一	人防办进行人防工程建设布局审查
事项二	国土资源局办理土地预审
事项三	公安消防支队、公安交警支队、教育局、水利局、城管局、环保局、园林局、文化局对建设工程相关专业内容和范围进行审查
事项四	规划部门对规划总图进行评审，核发《建设用地规划许可证》
事项五	规划部门确定建设工程规划设计条件

图 2-16　规划总图审查及确定规划设计条件阶段需办理的事项

事项一	规划部门对初步设计的规划要求进行审查
事项二	公安消防支队对初步设计的消防设计进行审查
事项三	公安局交警支队对初步设计的交通条件进行审查
事项四	人防办对初步设计的人防设计进行审查
事项五	国土资源局进行用地预审
事项六	市政部门、环保局、卫生局、地震局等相关部门对初步设计的相关专业内容进行审查
事项七	建委制发初步设计批复，并对落实初步设计批准文件的要求进行审查
事项八	建委对施工图设计文件进行政策性审查，根据业主单位意见，核发技术性审查委托通知单
事项九	建委根据施工图设计文件审查机构发出的《建设工程施工图设计文件审查报告》，发放《建设工程施工图设计文件审查批准书》

图 2-17　初步设计和施工图设计审查阶段需办理的事项

事项一	公安消防支队进行消防设计审查
事项二	人防办进行人防设施审查
事项三	建委、市政部门、园林局、环保局、卫生局按职责划分对相关专业内容和范围进行审查
事项四	规划部门对变更部分的规划设计补充核准规划设计条件，在建设单位缴纳有关规费后，核发《建设工程规划许可证》（副本）

图 2-18　规划报建图审查阶段需办理的事项

事项一	建设单位办理施工报建登记
事项二	建设方对工程进行发包，确定施工队伍，招标类工程通过招标确定施工队伍，非招标类工程直接发包
事项三	建委组织职能部门对工程开工条件进行审查，核发《建筑工程施工许可证》

图 2-19　施工报建阶段需办理的事项

6. 商品房预售许可阶段

此阶段由房地产管理部门办理预售登记，核发《商品房预售许可证》。

7. 建设工程竣工综合验收备案阶段

此阶段办理以下一般事项，如图 2-20 所示。

事项一	建筑工程质量监督站（机构）对建设单位提供的竣工验收报告进行备案审查
事项二	财政部门对建设项目应缴纳的行政事业性收费和基金进行核实验收
事项三	规划部门、市政部门、水利局、环保局、文化局、卫生局、公安消防支队、园林局以及其他需要参加验收的部门，按照法律、法规、规章的有关规定对相关专业内容和范围进行验收，规划部门根据上述部门和本部门验收情况核发《建设工程规划许可证》（正本）
事项四	建委综合各部门验收、审查意见，对符合审核标准和要求的，出具建设工程项目竣工综合验收备案证明，不符合标准或要求的，作退件处理并要求限期整改

图 2-20　建设工程竣工综合验收备案阶段需办理的事项

8. 房地产项目权属初始登记阶段

此阶段中由房管局核准新建商品房所有权初始（大产权证）登记，开发商应提交如图 2-21 所示的材料。

以上几个阶段，需增加或减少的相关事项及时限，各地根据实际情况，会有

- 申请书
- 企业营业执照
- 用地证明文件或者土地使用权证
- 建设用地规划许可证
- 建设工程规划许可证

- 施工许可证
- 房屋竣工验收资料
- 房屋测绘成果
- 根据有关规定应当提交的其他文件

图 2-21 办理新建商品房所有权初始登记应提交的材料

不同的差异。各个程序的办理时间，绝大部分都少于 15 天，一般在 7 天内。

相关链接：

工程报建的关键节点

一、修建性规划审批

此阶段是一个项目整体规划确定阶段，所以要对建筑面积、容积率面积、车位比等进行详细核对，避免日后修改。

二、建筑方案审批

该节点是规划报建中问题最多的一个点，为了避免反复，首先需要与设计院充分沟通，对于面积指标、间距、退让等常见问题要提前核查，如有风险点要在入案前与相关审核人员充分沟通，以提高审核通过率。

三、消防专项审批

从 2010 年 10 月 1 日开始实施新的备案制度，但如果地下单体建筑和建筑高度超过 50 米的居住建筑建设工程仍需审核和验收，这对图纸要求就更为严格，消防间距、消防门的开启方向、最短逃生距离等常见问题要尽量避免。

四、人防专项审批

人防审批一般请人防设计单位与人防施工图审查中心协助办理，因为他们与人防办都有较好的业务关系，关于是否易地建设需要提前确定，如易地建设，需提前办理易地建设费的缴纳，此项为办理《建设工程规划许可证》关键点。

五、建设工程规划许可证

根据规划局要求，确保计容规划面积经规划局电子校核处校核的数据不能大于 1 平方米，否则不予办理《建设工程规划许可证》。

六、建设工程施工许可证

此环节关键是提前准备，对资料进行严格审核，包括合同内容、面积指标、总包单位与分包的用章、项目经理证、安检员证、质检员证、总监证等，涉及的各项缴费需提前缴纳。

七、预售许可证

因办理预售许可证时即进行销售阶段，内部需提前与营销、工程等部门沟通，确定现场进度与计划开盘日期，外部与房产局要进行资料提前预审，涉及关键人员审查要时刻关注行踪，避免办证时人员不在、出差等情况，导致不能按期办理完成预售证的情况。

第三节 开工手续办理

建筑项目开工前办理完审批手续,是国家遏制固定资产投资增长过快、投资反弹压力加大的重要举措,也是建筑项目单位自觉遵守国家相关法律法规政策的重要体现,是确保项目工程顺利通过与实施的唯一选择和必经之路。

一、国有土地使用证

《国有土地使用证》是证明土地使用者(单位或个人)使用国有土地的法律凭证,受法律保护。

办理《国有土地使用证》所需材料如图 2-22 所示。

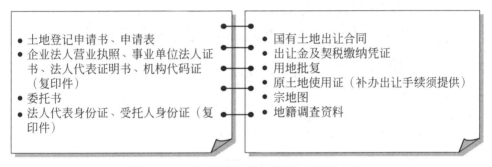

图 2-22 办理《国有土地使用证》需要的材料

以上注明为复印件的资料,均需向登记中心窗口交验原件,收取加盖公章的复印件。人民法院裁定补办出让手续的,如不能提供原土地使用证,须由执行法院提供刊登注销土地使用证公告的报纸原件。

二、建设项目选址意见书

《中华人民共和国城市规划法》第三十条规定:"城市规划区内的建设工程选址和布局必须符合城市规划。设计任务书报请批准时,必须附有城市规划行政主管部门的选址意见书。"

1. 需办理《建设项目选址意见书》的建设项目

如图 2-23 所示的建设项目需办理《建设项目选址意见书》。

2. 内容要求

建设项目选址申请书应当包括以下内容。

(1)基本情况。主要是建设项目名称、性质;用地与建设规模;供水与能源的需求量;采取的运输方式与运输量;废水、废气、废渣的排放方式和

图 2-23　需办理《建设项目选址意见书》的建设项目

排放量。

（2）选址主要依据。选址主要依据如图 2-24 所示。

依据一	经批准的项目建议书
依据二	建设项目与城市规划布局协调
依据三	建设项目与城市交通、通信、能源、市政、防灾规划的衔接与协调
依据四	建设项目配套的生活设施与城市生活居住及公共设施规划的衔接与协调
依据五	建设项目对于城市环境可能造成的污染影响，以及与城市环境保护规划和风景名胜、文物古迹保护规划的协调
依据六	建设项目选址、用地范围和具体规划要求

图 2-24　选址主要依据

3. 申报材料

申办《建设项目选址意见书》申请人须提交选址申请，并按要求提供所规定的文件、图纸、资料进行申报，具体所需材料如图 2-25 所示。

三、建设用地规划许可证

在城市范围内开发建设房地产项目，建设项目的用地单位应按规定程序申请办理建设用地的规划审批手续，在取得建设用地规划许可证后，才可按程序办理以出让方式取得国有土地使用权、以划拨方式取得的国有土地使用权或征用集体土地的各项审批工作。

1. 办理程序

《建设用地规划许可证》的办理程序，具体如图 2-26 所示。

2. 所需资料

申办《建设用地规划许可证》申请人需提交建设用地规划许可申请，并按要

材料一	所属市建设工程建设项目选址意见书申请表
材料二	申请单位的工商营业执照或组织机构法人代码证（复印件）
材料三	向所在市规划局申办《建设项目选址意见书》的申请
材料四	勘测定界图三份（电子光盘一份）
材料五	土地意见函
材料六	所属区立项批复
材料七	环保主管部门对该建设项目的初审意见
材料八	建设用地规划设计条件单
材料九	规划设计条件图四份
材料十	土地合同复印件
材料十一	关于办理《建设项目选址意见书》的法人授权委托书及经办人身份证复印件（本人出示原件）

图 2-25　申办《建设项目选址意见书》的材料

求提供所规定的文件、图纸、资料进行申报。具体包括以下内容。

（1）建设用地规划许可证申请表（单位公章）。

（2）立项批复。

（3）《建设项目选址意见书》及附件（复印件）。

（4）项目合同（复印件）。

（5）经国土资源部门确认的，具有测绘资质的单位测绘 1∶500 或 1∶1000 勘测定界图 3 份，同时提供一份电子材料。

（6）关于办理《建设用地规划许可证》的法人授权委托书及经办人身份证复印件（出示原件）。

（7）经土地招标、拍卖方式取得国有土地使用权的建设项目还需提供如图 2-27 所示的资料。

3. 有效期限

《建设用地规划许可证》及附图，有效期限一年；以划拨方式供地的建设项目，还包括以规划条件为主要内容的附件；在有效期内取得《国有土地使用证》的，有效期与《国有土地使用证》相同。

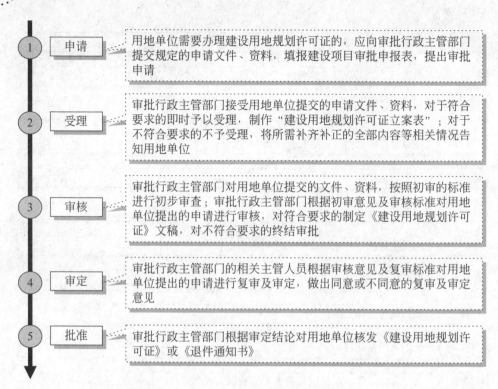

图 2-26 《建设用地规划许可证》的办理程序

材料一	《国有土地使用权出让合同》(复印件)
材料二	《国有土地使用权出让合同》中的规划设计条件及附图(复印件)
材料三	法人资格证明(工商营业执照或组织机构法人代码证)(复印件)
材料四	如属于经营性房地产开发建设项目,还需提供开发公司资质证明(复印件)

图 2-27 经招标、拍卖方式取得国有土地使用权的建设项目另需提供的资料

四、建设工程规划许可证

《中华人民共和国城乡规划法》第四十条规定:"在城市、镇规划区内进行建筑物、构筑物、道路、管线和其他工程建设的,建设单位或者个人应当向城市、县人民政府城乡规划主管部门或者省、自治区、直辖市人民政府确定的镇人民政府申请办理建设工程规划许可证。"

1. 申报范围

城市规划区内各类建设项目(包括住宅、工业、仓储、办公楼、学校、医院、市政交通基础设施等）的新建、改建、扩建、翻建，均需依法办理《建设工程规划许可证》，具体范围如图2-28所示。

范围一	新建、改建、扩建建筑工程
范围二	各类市政工程、管线工程、道路工程等
范围三	文物保护单位和优秀近代建筑的大修工程以及改变原有外貌、结构、平面的装修工程
范围四	沿城市道路或者在广场设置的城市雕塑等美化工程
范围五	户外广告设施
范围六	各类临时性建筑物、构筑物

图2-28 《建设工程规划许可证》的申报范围

2. 办理程序

申请建设工程规划许可证的一般程序如图2-29所示。

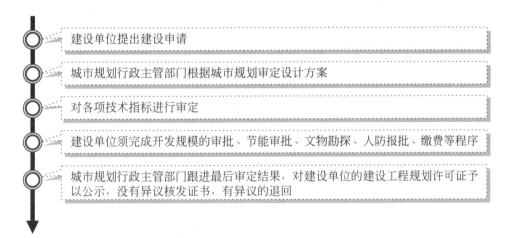

图2-29 申请《建设工程规划许可证》的一般程序

3. 所需材料

《建设工程规划许可证》是有关建设工程符合城市规划要求的法律凭证，是建设单位建设工程的法律凭证，是建设活动中接受监督检查时的法定依据，没有此证的建设单位，其工程建筑是违章建筑，不能领取房地产权属证件。

申请《建设工程规划许可证》所需材料见表2-1。

表 2-1　申请《建设工程规划许可证》所需的材料

序号	项目类别	所需材料
1	建设工程类	(1)《建设工程规划许可证》申请表 1 份,并加盖申请人印章 (2)有关计划批准文件、设计条件或规划方案审批意见 (3)土地使用权属证件及附图 (4)1∶500 或 1∶1000 地形图两份 (5)符合出图标准并加盖建筑设计单位设计出图章的 1∶500 或 1∶1000 总平面设计图两份 (6)分层面积表(应按国家有关建筑面积规定计算) (7)相关单位部门审核意见 (8)日照分析文件一份(可选) (9)规划部门要求提供的其他材料 (10)涉及拆迁的,应附送拆迁文件
2	市政工程类	(1)《建设工程规划许可证》申请表 1 份,并加盖申请人印章 (2)有关计划批准文件、设计条件或规划方案审批意见 (3)土地使用权属证件及附图(可选) (4)1∶500 或 1∶1000 地形图两份 (5)符合出图标准并加盖市政府工程设计单位设计出图章的 1∶500 或 1∶1000 总平面设计图两份 (6)涉及拆迁的,应附送拆迁文件 (7)相关部门书面意见 (8)规划部门要求提供的其他材料

五、建筑工程施工许可证

为了加强对建筑活动的监督管理,维护建筑市场秩序,保证建筑工程的质量和安全,根据《中华人民共和国建筑法》规定:"在中华人民共和国境内从事各类房屋建筑及其附属设施的建造、装修装饰和与其配套的线路、管道、设备的安装,以及城镇市政基础设施工程的施工,建设单位在开工前应当依照本办法的规定,向工程所在地的县级以上人民政府建设行政主管部门(以下简称发证机关)申请领取施工许可证。"

1. 办理程序

房地产企业申请办理施工许可证,应当按照以下程序进行。

(1) 建设单位向发证机关领取《建筑工程施工许可证申请表》。

(2) 建设单位持加盖单位及法定代表人印鉴的《建筑工程施工许可证申请表》、规定的证明文件,向发证机关提出申请。

(3) 发证机关在收到建设单位报送的《建筑工程施工许可证申请表》和所附

证明文件后，对于符合条件的，应当自收到申请之日起规定时间内颁发"施工许可证"；对于证明文件不齐全或者失效的，应当限期要求建设单位补正，审批时间可以自证明文件补正齐全后作相应顺延；对于不符合条件的，应当自收到申请之日起规定时间内书面通知建设单位，并说明理由。

2. 所需材料

办理《建设工程施工许可证》所需材料，主要包括以下 16 项。

(1) 建筑工程施工许可证申报表（原件 1 份）。

(2) 建设单位法人委托书（建设单位组织机构代码、办理人身份证复印件及联系电话）原件 1 份。

(3) 建设工程规划许可证（核原件留复印件 1 份）。

(4) 建设工程中标通知书（核原件留复印件 1 份）。

(5) 项目资金证明（原件 1 份）。

(6) 建设工程安全施工措施审查备案表（核原件留复印件 1 份）。

(7) 工程质量监督登记表（核原件留复印件 1 份）。

(8) 大型人员密集场所和其他特殊建设工程，须提供公安部门出具的消防设计审核意见书。

(9) 行政事业性收费建委系统专用缴款通知书（核原件留复印件 1 份）。

(10) 建筑领域农民工工资保障金存储通知书（建设、施工单位）及承、发包方承诺书（原件 1 份）。

(11) 建筑劳务分包合同备案登记表（原件 1 份）。

(12) 监理合同（原件 1 份）。

(13) 商品混凝土合同（原件 1 份）。

(14) 施工合同（原件 1 份）。

(15) 外地企业的资质须经资质管理部门认可（原件 1 份）。

(16) 违规工程尚须提供施工资质证书和安全生产许可证、监理企业资质证书（核原件留复印件 1 份）、违规工程质量检测表（原件 1 份）、违规工程处罚结果通报（原件 1 份）。

六、商品房销售（预售）许可证

商品房预售是指房地产开发商将正在建设中的房屋预先出售给承购人，由承购人向房地产商支付定金或房价款的行为。

在商品房预售过程中，《商品房预售许可证》是必不可少的。

1. 办理程序

《商品房销售（预售）许可证》的办理程序，具体如图 2-30 所示。

2. 所需材料

办理《商品房销售（预售）许可证》所需材料，具体内容见表 2-2。

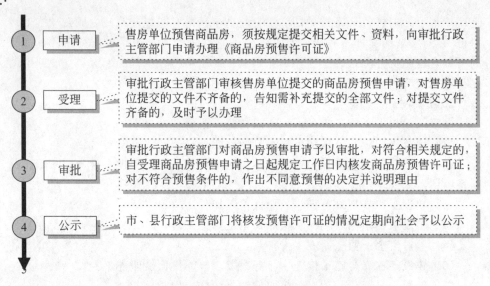

图 2-30 《商品房销售（预售）许可证》的办理程序

表 2-2 办理《商品房销售（预售）许可证》所需材料

序号	材料类别	具体说明
1	一般材料	(1)营业执照 (2)资质证书 (3)国有土地使用证 (4)建筑工程规划许可证 (5)建筑红线图 (6)建筑工程施工许可证 (7)建筑施工合同 (8)委托书 (9)物业招标证明 (10)商品房预售方案 (11)商品房预售楼盘表 (12)套型比例批复 (13)分层平面图(建委审核盖图审章) (14)物价审批书(经济适用房)
2	特殊材料	(1)预售审批书 (2)广告营销方案 (3)工程进度说明 (4)房屋面积预测报告书 (5)建筑节能设计审查备案表 (6)"关于已缴纳墙改基金和劳保金的函"(市建委出具) (7)放验线报告原件、复印件(规划局) (8)商品房资金监管证明 (9)预售勘验现场工程进度要求：主体施工——多层(2层)；小高层(5层)；高层(7层)

七、建设工程竣工验收备案

建设工程竣工验收备案是指建设单位在建设工程竣工验收后,将建设工程竣工验收报告和规划、公安消防、环保等部门出具的认可文件或者准许使用文件报建设行政主管部门审核的行为。

1. 验收条件

建设单位收到建设工程竣工报告后,应当组织设计、施工、工程监理等有关单位进行竣工验收。建设工程竣工验收应当具备的条件,具体如图2-31所示。

条件一	完成建设工程设计和合同约定的各项内容
条件二	有完整的技术档案和施工管理资料
条件三	有工程使用的主要建筑材料、建筑构配件和设备的进场试验报告
条件四	有勘察、设计、施工、工程监理等单位分别签署的质量合格文件
条件五	有施工单位签署的工程保修书,建设工程经验收合格的,方可交付使用

图2-31 建设工程竣工验收条件

2. 所需资料

办理建设工程竣工验收备案所需材料如下。

(1) 工程竣工验收备案表。

(2) 工程竣工验收报告。竣工验收报告应当包括工程报建日期;施工许可证号;施工图设计文件审查意见;勘察、设计、施工、工程监理等单位分别签署的质量合格文件及验收人员签署的竣工验收原始文件;市政基础设施的有关质量检测和功能性试验资料以及备案机关认为需要提供的有关资料。

(3) 法律、行政法规规定应当由规划、环保等部门出具的认可文件或者准许使用文件。

(4) 法律规定应当由公安消防部门出具的对大型的人员密集场所和其他特殊建设工程验收合格的证明文件。

(5) 施工单位签署的工程质量保修书。

(6) 法规、规章规定必须提供的其他文件。

(7)《住宅质量保证书》和《住宅使用说明书》。

相关链接:

房地产开发项目水、电、气、暖手续办理

一、自来水报装

自来水报装,主要包括申报、审核、领取《用户报装、改造申请表》、签订相关合同四个步骤。

1. 所需资料

自来水报装，一般需要提供千分之一红线图、楼房平面图以及书面申请、开办人身份证原件和复印件一份以及相关资料。

2. 供用水合同办理流程

到营业厅领取供用水合同，并签订供用水合同；单位用户提供证明文件盖章，最后到营业厅受理。

二、用电报装

用电报装一般所需的资料，具体如下。

(1) 用电申请表。
(2) 经办人居民身份证原件及复印件。
(3) 企业法人居民身份证复印件。
(4) 营业执照（或组织机构代码证）复印件。
(5) 税务登记证复印件。
(6) 一般纳税人资格证书复印件。
(7) 房产证复印件（或相关法律文书）。
(8) 土地证整套复印件。
(9) 建设工程规划许可证整套复印件。
(10) 总平面图原件及复印件；建筑总平面图；用电负荷特性说明；用电设备明细表；近期及远期用电容量。
(11) 政府主管部门立项或批复文件；对高耗能等特殊行业客户，须提供环境评估报告，生产许可证。

三、天然气报装

天然气报装所需的资料，具体如下。

(1) 建设工程规划许可证（含附件、原件及复印件）。
(2) 城市基础设施配套费和绿化费交费发票（原件及复印件）。
(3) 填写"天然气居民客户拟用气安装登记表"。
(4) 用气建筑1：500总平面图（或1：1000）。
(5) 申请用气建筑的平、立、剖面图。

四、用热报装

1. 申请用热所需资料

单位提出书面用热申请，由经营处负责受理。申请中应包含申请单位、建筑位置、用热建筑面积、预用热时间等内容。

2. 并网验收流程

供热工程竣工后提出并网验收申请→审查供热工程资料→现场验收→下达整改通知→用户整改完毕后提出复验申请→现场复验→验收合格后，下达供热指令，并网试运行。

3. 验收并网所需资料

验收并网所需资料，具体如下。

(1) 并网验收通知单。

(2) 并网验收申请。

(3) 用户基本情况表。

(4) 热力交换站、庭院管网、室内采暖系统施工图纸及工程变更资料。

(5) 热力交换站、庭院管网、室内采暖系统冲洗、试压记录。

(6) 使用材料的质检报告。

(7) 隐蔽工程资料及其他竣工资料。

第四节　工程施工准备工作

工程项目施工准备工作按其性质及内容通常包括技术准备、物资准备、劳动组织准备、施工现场准备和施工的场外准备。

一、技术准备

技术准备是施工准备的核心。由于任何技术的差错或隐患都可能引起人身安全和质量事故，造成生命、财产和经济的巨大损失，因此必须认真地做好技术准备工作。技术准备的具体内容如下。

1. 熟悉、审查施工图纸和有关的设计资料

(1) 熟悉、审查施工图纸的依据。熟悉、审查施工图纸的依据如图 2-32 所示。

依据一	建设单位和设计单位提供的初步设计或扩大初步设计(技术设计)、施工图设计、建筑总平面、土方竖向设计和城市规划等资料文件
依据二	调查、搜集的原始资料
依据三	设计、施工验收规范和有关技术规定

图 2-32　熟悉、审查施工图纸的依据

(2) 熟悉、审查设计图纸的目的。熟悉、审查设计图纸的目的如图 2-33 所示。

(3) 熟悉、审查设计图纸的内容。熟悉、审查设计图纸的内容具体如下。

——审查拟建工程的地点、建筑总平面图同国家、城市或地区规划是否一致，以及建筑物或构筑物的设计功能和使用要求是否符合卫生、防火及美化城市方面的要求。

目的一	为了能够按照设计图纸的要求顺利地进行施工，生产出符合设计要求的最终建筑产品（建筑物或构筑物）
目的二	为了能够在拟建工程开工之前，使从事建筑施工技术和经营管理的工程技术人员充分地了解和掌握设计图纸的设计意图、结构与构造特点和技术要求
目的三	通过审查发现设计图纸中存在的问题和错误，使其改正在施工开始之前，为拟建工程的施工提供一份准确、齐全的设计图纸

图 2-33　熟悉、审查设计图纸的目的

——审查设计图纸是否完整、齐全，以及设计图纸和资料是否符合国家有关工程建设的设计、施工方面的方针和政策。

——审查设计图纸与说明书在内容上是否一致，以及设计图纸与其各组成部分之间有无矛盾和错误。

——审查建筑总平面图与其他结构图在几何尺寸、坐标、标高、说明等方面是否一致，技术要求是否正确。

——审查工业项目的生产工艺流程和技术要求，掌握配套投产的先后次序和相互关系，以及设备安装图纸与其相配合的土建施工图纸在坐标、标高上是否一致，掌握土建施工质量是否满足设备安装的要求。

——审查地基处理与基础设计同拟建工程地点的工程水文、地质等条件是否一致，以及建筑物或构筑物与地下建筑物或构筑物、管线之间的关系。

——明确拟建工程的结构形式和特点，复核主要承重结构的强度、刚度和稳定性是否满足要求，审查设计图纸中的工程复杂、施工难度大和技术要求高的分部分项工程或新结构、新材料、新工艺，检查现有施工技术水平和管理水平能否满足工期和质量要求并采取可行的技术措施加以保证。

——明确建设期限、分期分批投产或交付使用的顺序和时间，以及工程所用的主要材料、设备的数量、规格、来源和供货日期；明确建设、设计和施工等单位之间的协作、配合关系，以及建设单位可以提供的施工条件。

(4) 熟悉、审查设计图纸的程序。熟悉、审查设计图纸的程序通常有如图 2-34 所示的 3 个阶段。

图 2-34　熟悉、审查设计图纸的程序

——设计图纸的自审阶段。施工单位收到拟建工程的设计图纸和有关技术文件后，应尽快地组织有关的工程技术人员熟悉和自审图纸，写出自审图纸的记录,自审图纸的记录应包括对设计图纸的疑问和对设计图纸的有关建议。

——设计图纸的会审阶段。一般由建设单位主持,由设计单位和施工单位参加,三方进行设计图纸的会审。图纸会审时,首先由设计单位的工程主设人向与会者说明拟建工程的设计依据、意图和功能要求,并对特殊结构、新材料、新工艺和新技术提出设计要求;然后施工单位根据自审记录以及对设计意图的了解,提出对设计图纸的疑问和建议;最后在统一认识的基础上,对所探讨的问题逐一地做好记录,形成"图纸会审纪要",由建设单位正式行文,参加单位共同会签、盖章,作为与设计文件同时使用的技术文件和指导施工的依据,以及建设单位与施工单位进行工程结算的依据。

——设计图纸的现场签证阶段。在拟建工程施工的过程中,如果发现施工的条件与设计图纸的条件不符,或者发现图纸中仍然有错误,或者因为材料的规格、质量不能满足设计要求,或者因为施工单位提出了合理化建议,需要对设计图纸进行及时修订时,应遵循技术核定和设计变更的签证制度,进行图纸的施工现场签证。如果设计变更的内容对拟建工程的规模、投资影响较大时,要报请项目的原批准单位批准。在施工现场的图纸修改、技术核定和设计变更资料,都要有正式的文字记录,归入拟建工程施工档案,作为指导施工、竣工验收和工程结算的依据。

2. 原始资料的调查分析

为了做好施工准备工作,除了要掌握有关拟建工程的书面资料外,还应该进行拟建工程的实地勘测和调查,获得有关数据的第一手资料,这对于拟订一个先进合理、切合实际的施工组织设计是非常必要的,因此应该做好以下两个方面的调查分析。

(1)自然条件的调查分析。建设地区自然条件的调查分析的主要内容如图2-35所示。

内容一	地区水准点和绝对标高等情况
内容二	地质构造、土地性质和类别、地基土的承载力、地震级别和裂度等情况
内容三	河流流量和水质、最高洪水和枯水期的水位等情况
内容四	地下水位的高低变化情况、含水层的厚度、流向、流量和水质等情况
内容五	气温、雨、雪、风和雷电等情况
内容六	土的冻结深度和冬雨季的期限等情况

图 2-35 自然条件的调查分析应包括的内容

(2)技术经济条件的调查分析。建设地区技术经济条件的调查分析的主要内容如图2-36所示。

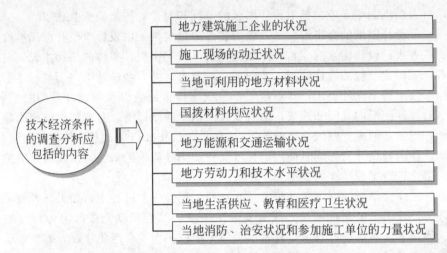

图 2-36 技术经济条件的调查分析应包括的内容

3. 编制施工图预算和施工预算

（1）编制施工图预算。施工图预算是技术准备工作的主要组成部分之一，这是按照施工图确定的工程量、施工组织设计所拟订的施工方法、建筑工程预算定额及其取费标准，由施工单位编制的确定建筑安装工程造价的经济文件，它是施工企业签订工程承包合同、工程结算、建设银行拨付工程价款、进行成本核算、加强经营管理等方面工作的重要依据。

（2）编制施工预算。施工预算是根据施工图预算、施工图纸、施工组织设计或施工方案、施工定额等文件进行编制的，它直接受施工图预算的控制，它是施工企业内部控制各项成本支出、考核用工、"两算"对比、签发施工任务单、限额领料、基层进行经济核算的依据。

4. 编制施工组织设计

施工组织设计是施工准备工作的重要组成部分，也是指导施工现场全部生产活动的技术经济文件。建筑施工生产活动的全过程是非常复杂的物质财富再创造的过程，为了正确处理人与物、主体与辅助、工艺与设备、专业与协作、供应与消耗、生产与储存、使用与维修以及它们在空间布置、时间排列之间的关系，必须根据拟建工程的规模、结构特点和建设单位的要求，在原始资料调查分析的基础上，编制出一份能切实指导该工程全部施工活动的科学方案（施工组织设计）。

二、物资准备

材料、构（配）件、制品、机具和设备是保证施工顺利进行的物质基础，这些物资的准备工作必须在工程开工之前完成，根据各种物资的需要量计划，分别落实货源，安排运输和储备，使其满足连续施工的要求。

1. 物资准备工作的内容

物资准备工作主要包括建筑材料的准备、构（配）件和制品的加工准备、建筑安装机具的准备和生产工艺设备的准备，具体如图 2-37 所示。

内容一　建筑材料的准备

建筑材料的准备主要是根据施工预算进行分析，按照施工进度计划要求，按材料名称、规格、材料储备定额和消耗定额进行汇总，编制出材料需要量计划，为组织备料、确定仓库、场地堆放所需的面积和组织运输等提供依据

内容二　构(配)件、制品的加工准备

根据施工预算提供的构（配）件、制品的名称、规格、质量和消耗量，确定加工方案和供应渠道以及进场后的储存地点和方式，编制出其需要量计划，为组织运输、确定堆场面积等提供依据

内容三　建筑安装机具的准备

根据采用的施工方案，安排施工进度，确定施工机械的类型、数量和进场时间，确定施工机具的供应办法和进场后的存放地点和方式，编制建筑安装机具的需要量计划，为组织运输、确定堆场面积等提供依据

内容四　生产工艺设备的准备

按照拟建工程生产工艺流程及工艺设备的布置提出工艺设备的名称、型号、生产能力和需要量，确定分期分批进场时间和保管方式，编制工艺设备需要量计划，为组织运输、确定堆场面积提供依据

图 2-37　物资准备工作的内容

2. 物资准备工作的程序

物资准备工作的程序是搞好物资准备的重要手段，通常按如图 2-38 所示的程序进行。

根据施工预算、分部(项)工程施工方法和施工进度的安排，拟订国拨材料、统配材料、地方材料、构(配)件及制品、施工机具和工艺设备等物资的需要量计划

根据各种物资需要量计划，组织货源，确定加工、供应地点和供应方式，签订物资供应合同

按照施工总平面图的要求，组织物资按计划时间进场，在指定地点，按规定方式进行储存或堆放

图 2-38　物资准备工作的程序

三、劳动组织准备

劳动组织准备的范围既有整个建筑施工企业的劳动组织准备，又有大型综合的拟建建设项目的劳动组织准备，也有小型简单的拟建单位工程的劳动组织准备。这里仅以一个拟建工程项目为例，说明其劳动组织准备工作的内容。

1. 建立拟建工程项目的领导机构

施工组织领导机构的建立应遵循如图 2-39 所示的原则。

- 原则一：根据拟建工程项目的规模、结构特点和复杂程度，确定拟建工程项目施工的领导机构人选和名额
- 原则二：坚持合理分工与密切协作相结合
- 原则三：把有施工经验、有创新精神、有工作效率的人选入领导机构
- 原则四：认真执行因事设职、因职选人的原则

图 2-39　建立拟建工程项目领导机构的原则

2. 建立精干的施工队组

施工队组的建立要认真考虑专业、工种的合理配合，技工、普工的比例要满足合理的劳动组织，要符合流水施工组织方式的要求，确定建立施工队组是专业施工队组，或是混合施工队组，要坚持合理、精干的原则，同时制订出该工程的劳动力需要量计划。

3. 集结施工力量、组织劳动力进场

工地的领导机构确定之后，按照开工日期和劳动力需要量计划，组织劳动力进场，同时要进行安全、防火和文明施工等方面的教育，并安排好职工的生活。

4. 向施工队组、工人进行施工组织设计、计划和技术交底

向施工队组和工人讲解交代，这是落实计划和技术责任制的好办法。

施工组织设计、计划和技术交底的时间在单位工程或分部分项工程开工前及时进行，以保证工程严格地按照设计图纸、施工组织设计、安全操作规程和施工验收规范等要求进行施工。

施工组织设计、计划和技术交底的内容如图 2-40 所示。

交底工作应该按照管理系统逐级进行，由上而下直到工人队组。交底的方式有书面形式、口头形式和现场示范形式等。

队组、工人接受施工组织设计、计划和技术交底后，要组织其成员进行认真地分析研究，弄清关键部位、质量标准、安全措施和操作要领，必要时应该进行示范，并明确任务及做好分工协作，同时建立健全岗位责任制和保证措施。

5. 建立健全各项管理制度

工地的各项管理制度是否建立、健全，直接影响其各项施工活动的顺利进

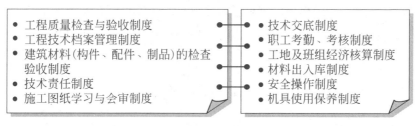

图 2-40　施工组织设计、计划和技术交底的内容

行。有章不循其后果是严重的，而无章可循更是危险的。为此必须建立、健全工地的各项管理制度，通常包括如图 2-41 所示的各种制度。

- 工程质量检查与验收制度
- 工程技术档案管理制度
- 建筑材料(构件、配件、制品)的检查验收制度
- 技术责任制度
- 施工图纸学习与会审制度

- 技术交底制度
- 职工考勤、考核制度
- 工地及班组经济核算制度
- 材料出入库制度
- 安全操作制度
- 机具使用保养制度

图 2-41　应建立的各项管理制度

四、施工现场准备

施工现场是施工的全体参加者为夺取优质、高速、低消耗的目标，而有节奏、均衡连续地进行战术决战的活动空间。施工现场的准备工作，主要是为了给拟建工程的施工创造有利的施工条件和物资保证，其具体内容如图 2-42 所示。

图 2-42　施工现场的准备工作

1. 做好施工场地的控制网测量

按照设计单位提供的建筑总平面图及给定的永久性经纬坐标控制网和水准控制基桩，进行厂区施工测量，设置厂区的永久性经纬坐标桩、水准基桩和建立厂区工程测量控制网。

2. 搞好"三通一平"

"三通一平"是指路通、水通、电通和平整场地。

（1）路通。施工现场的道路是组织物资运输的动脉。拟建工程开工前，必须按照施工总平面图的要求，修好施工现场的永久性道路以及必要的临时性道路，形成完整畅通的运输网络，为建筑材料进场、堆放创造有利条件。

（2）水通。水是施工现场的生产和生活不可缺少的。拟建工程开工之前，必须按照施工总平面图的要求，接通施工用水和生活用水的管线，使其尽可能与永久性的给水系统结合起来，做好地面排水系统，为施工创造良好的环境。

（3）电通。电是施工现场的主要动力来源。拟建工程开工前，要按照施工组织设计的要求，接通电力和电讯设施，做好其他能源的供应，确保施工现场动力设备和通信设备的正常运行。

（4）平整场地。按照建筑施工总平面图的要求，首先拆除场地上妨碍施工的建筑物或构筑物，然后根据建筑总平面图规定的标高和土方竖向设计图纸，进行挖（填）土方的工程量计算，确定平整场地的施工方案，进行平整场地的工作。

3. 做好施工现场的补充勘探

对施工现场做补充勘探是为了进一步寻找枯井、防空洞、古墓、地下管道、暗沟和枯树根等隐蔽物，以便及时拟订处理隐蔽物的方案，并实施，为基础工程施工创造有利条件。

4. 建造临时设施

按照施工总平面图的布置，建造临时设施，为正式开工准备好生产、办公、生活、居住和储存等临时用房。

5. 安装、调试施工机具

对于固定的机具要进行就位、搭棚、接电源、保养和调试等工作。对所有施工机具都必须在开工之前进行检查和试运转。

6. 做好建筑构（配）件、制品和材料的储存和堆放

按照建筑材料、构（配）件和制品的需要量计划组织进场，根据施工总平面图规定的地点和指定的方式进行储存和堆放。

7. 及时提供建筑材料的试验申请计划

按照建筑材料的需要量计划，及时提供建筑材料的试验申请计划。如钢材的机械性能和化学成分等试验、混凝土或砂浆的配合比和强度等试验。

8. 做好冬雨季施工安排

按照施工组织设计的要求，落实冬雨季施工的临时设施和技术措施。

9. 进行新技术项目的试制和试验

按照设计图纸和施工组织设计的要求，认真进行新技术项目的试制和试验。

10. 设置消防、保安设施

按照施工组织设计的要求，根据施工总平面图的布置，建立消防、保安等组织机构和有关的规章制度，布置安排好消防、保安等措施。

五、施工的场外准备

施工准备除了施工现场内部的准备工作外,还有施工现场外部的准备工作。其具体内容如图 2-43 所示。

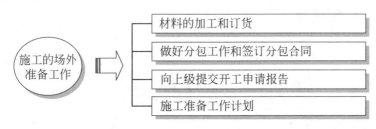

图 2-43　施工的场外准备工作

1. 材料的加工和订货

建筑材料、构（配）件和建筑制品大部分必须外购,工艺设备更是如此,这样如何与加工、生产单位联系,签订供货合同,搞好及时供应,对于施工企业的正常生产是非常重要的,除了要签订议定书之外,还必须做大量的有关方面的工作。

2. 做好分包工作和签订分包合同

由于施工单位本身的力量所限,有些专业工程的施工、安装和运输等均需要向外单位委托,根据工程量、完成日期、工程质量和工程造价等内容,与其他单位签订分包合同,保证按时实施。

3. 向上级提交开工申请报告

当作好材料的加工和订货,以及做好分包工作和签订分包合同等施工场外的准备工作后,应该及时地填写开工申请报告,并上报上级批准。

4. 施工准备工作计划

为了落实各项施工准备工作,加强对其检查和监督,必须根据各项施工准备工作的内容、时间和人员,编制出施工准备工作计划。

第三章

工程设计管理

第一节　设计管理概述
第二节　设计规划管理
第三节　设计阶段管理
第四节　设计控制管理

工作指引

设计是整个工程建设的先行和关键,在工程建设中处于主导地位。设计成果的质量与建设项目投资、工程质量、生产工艺的技术水平、产品质量、生产成本等都有着极为密切的关系,直接影响建设项目投产后的综合经济效益和社会效益。

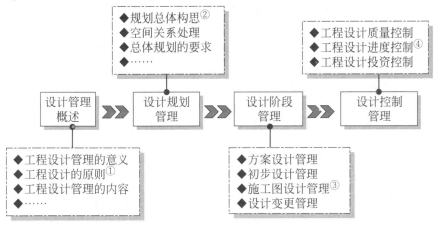

【图示说明】

① 工程设计要切合实际、安全适用、技术先进、注重美观、经济合理,在满足建设项目功能要求的同时,始终贯彻如下的原则:遵守国家和地方的法律法规;合理利用资源、节约能源;重视技术进步,选用的技术要先进适用;坚持安全可靠、质量第一;坚持经济合理;重视保护生态环境。

② 房地产项目工程的总体规划理念是一个项目的总体纲领,是项目后期各项工作的根本依据。项目工程的总体构思,主要要求如下:小区设计必须树立"以人文本"的规划设计思想;住宅小区规划应因地制宜,与周围环境相协调;小区设计应富有个性、特色突出。

③ 施工图是工程项目设计和工程施工过程的桥梁和纽带,其具体包括建设项目各部分工程的说明图和零部件、结构件明细表,以及验收标准、方法等。施工图设计主要是通过图纸将设计者的意图和设计结果表达出来,并把设计图纸作为现场工人施工的标准依据。

④ 设计阶段进度控制的主要任务是出图控制,也就是要采取有效措施促使设计人员如期完成符合设计要求的初步设计、技术设计、施工图设计图纸,为此,要审定设计单位的工作计划和出图计划并经常检查计划执行情况,对照实际进度与计划进度及时调整进度计划。

第一节 设计管理概述

建设工程项目设计是根据批准的任务书,按照国家的有关政策、法规、技术规范,在规定的场地范围内,对拟建工程进行详细规划、布局,把可行性研究中推荐的最佳方案具体化,形成图纸、文字,为工程施工提供依据。

一、工程设计管理的意义

建设工程项目设计管理,就是运用系统工程的观点,统筹管理设计中的各项工作,组织协调设计单位与其他单位之间的工作配合,为设计单位创造必要的工作条件,以保证其及时提供设计文件,满足工程需要,使项目建设得以顺利进行。

二、工程设计的原则

建设工程项目通过工程设计体现国家经济建设的方针政策和建设项目业主的投资建设目标。工程设计要切合实际、安全适用、技术先进、注重美观、经济合理,在满足建设项目功能要求的同时,始终贯彻如图3-1所示的指导思想。

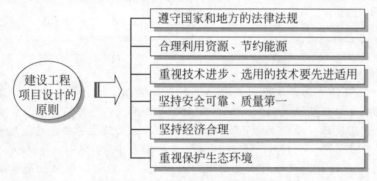

图3-1 建设工程项目设计的原则

1. 遵守国家和地方的法律法规

遵守国家和地方的法律法规,符合国家和行业的技术标准、规程和规范;贯彻国家的经济建设方针和政策,如产业政策、技术政策、能源政策、环保政策等;正确处理各产业之间、长期与近期之间、生产与生活之间等方面的关系。

2. 合理利用资源、节约能源

要根据技术上的可能性和经济上的合理性,对矿藏、能源、水源、土地等资源进行综合利用。

3. 重视技术进步、选用的技术要先进适用

工程设计应尽量采用先进、成熟、适用的技术,吸取科研新成果,体现先进技术和管理水平。同时根据国内的管理水平和消化能力,积极吸收国外的先进技术和经验,着眼于提高国内技术水平和制造能力。引进的国外新技术和设备,要与我国的技术标准、原材料供应、生产协作配套、维修与零部件的供应条件相协调。对非生产性的项目,应坚持适用、经济、与环境协调并注意美观大方的原则。

4. 坚持安全可靠、质量第一

建设工程项目一旦在施工过程或运行中出现安全或质量事故，将造成人身死亡事故、直接经济损失甚至生产停止。因此，工程设计必须安全可靠方便安全施工，并保证项目建设投产后长期安全正常运行。要牢固树立"百年大计，质量第一"的思想，坚持坚固耐用的同时也要防止追求过高的设计标准，要根据国家有关规定和工程的不同性质与要求，从实际情况出发，合理地设定设计标准。

5. 坚持经济合理

建设工程项目的特点是建设周期长、投资规模大，在现有经济资源条件下，技术方案的取舍最终由经济效果确定。要千方百计降低建设投资，重视经济效果，应围绕工期短、投资少、运行成本低、技术经济指标效果最优的目标进行工程设计。设计中还要注意节约土地、节约用水及能源和原材料，特别是稀缺资源。

6. 重视保护生态环境

要严格控制工程项目建设可能对环境带来的损害，尽可能采取行之有效的措施，防止工业生产对环境的污染。

三、工程设计管理的内容

作为工程总监，对工程项目设计的管理包括如图 3-2 所示的内容。

四、工程设计管理的程序

工程设计管理包括从建设项目核准后的设计委托到设计后评价的全过程管理，按建设程序分阶段进行管理。常用工程设计管理程序如图 3-3 所示。

1. 设计委托阶段

直接选择或招标选择工程设计单位，评审初拟勘察设计工作大纲和设计工作方案，签订工程勘察设计合同。建筑工程专业一般采取设计方案竞标式选择，其他大中型综合性建设工程项目，勘察设计周期较长，从工作连续性和深入熟悉程度考虑，一般由承担前期工作的设计单位承担。

2. 初步设计的方案与勘查阶段

组织审查初步设计大纲和勘察设计大纲，对设计单位初步论证提出的比选设计方案、技术科研试验专题等，确定勘查工作布置和技术科学试验工作部署。协调设计外部协作关系与工作计划，办理城市规划部门的规划审批文件或政府部门的审批事项等。

3. 初步设计阶段

控制初步设计的工程建设规模、选址、标准、建筑物形式、建设工期和总投资。组织新技术、新材料、新工艺、新设备科研试验研究。协调落实外部接入系

内容一	选定勘察设计单位，招标发包勘察设计任务，签订勘察设计协议或合同，并组织管理合同的实施
内容二	收集、提供设计基础资料和建设协议文件
内容三	组织协调各勘察设计单位之间以及设计单位与科研、物资供应、制造和施工等单位之间的工作配合
内容四	主持研究和审查确认重大设计方案并优化设计
内容五	协调办理地方政府对征地与拆迁户安置规划的承诺与审批文件，协调落实外部补充的规划设计
内容六	配合设计单位编制设计概、预算，并做好概、预算的管理工作
内容七	组织审查初步设计文件并按有关规定文件上报，提请国家主管部门批准
内容八	组织设计、施工单位进行设计交底，会审施工图纸
内容九	控制和审查施工过程中的设计变更
内容十	组织安全鉴定、完工和竣工验收、试运行投产、后评价等工作
内容十一	做好设计文件和图纸的验收、分发、使用、保管和归档工作
内容十二	办理勘察、设计等费用的结算和支付

图 3-2 工程项目设计管理的工作内容

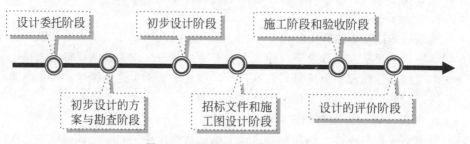

图 3-3 工程项目设计管理的程序

统、资源条件、环境影响与水土保持评价、地方政府承诺的征地和移民安置规划等。水利水电建设项目应在初步设计成果基础上，编制建设项目报告书，报送国家主管部门评估和批准。

4. 招标文件和施工图设计阶段

控制实施的设计方案主要结构布置，控制设计质量、设计进度，组织优化设计，落实设备材料采购并组织厂家向设计单位提供设备技术资料，审定招标设计文件和审批施工图设计文件与图纸。

5. 施工阶段和验收阶段

组织设计交底，控制和审查设计单位提交的设计变更，组织设计单位参加完工验收、投运前的大型建筑物安全鉴定和参加试运行。

6. 设计的评价阶段

建设项目投运后一定时期，组织设计单位进行回访，听取或向设计单位提出对工艺设施的改进建议及完善生产工艺和生产条件的意见。

五、工程设计管理的目标

工程设计管理的目标是安全可靠性、适用性和经济性，以保障建设项目的质量、进度和投资三大控制目标的实现。

1. 安全可靠性

工程设计要贯彻执行国家和行业的建设标准、规范章程和规定，严格控制设计标准的选定。业主对建设工程的安全可靠性主要从三方面对设计单位提出要求，具体如图3-4所示。

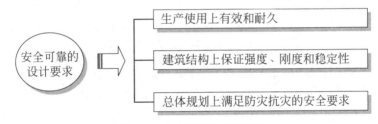

图3-4 安全可靠的设计要求

2. 适用性

工程设计应具有良好的适用程度、使用功能和美观效果，方便设备操作与维修，满足生产运行能力和效益要求，在施工技术上能够实现施工安装。

3. 经济性

在保证建设项目工程安全可靠和适用的前提下做到建设周期短、工程投资少、生产能力或效率高、运行成本低、经济效益好。工程建设投资和运行成本的决定因素取决于工程设计参数的正确选择。设计参数主要是由工程勘察提供的自然条件、人为设定的工作制度与管理方式决定的，设计单位选定设计参数必须要先进、合理、具有科学性。对建设项目的经济性评价，业主不仅要评价建设工程自身的经济效益，还要从社会效益包括环境效益来评价。

工程设计不仅是施工前的工作，而且贯穿工程建设的全过程。建设项目业主应对工程设计过程进行管理，中心任务是对设计的工程质量、进度、投资进行控制。由建设项目业主负责提供的设备资料和外部协作条件，应及时向设计单位提供准确的资料。

第二节　设计规划管理

为解决设计、绘图、施工中的常见问题，提高设计施工质量，减少不必要的损失，不犯以往工程中犯过的错误，从而使整体造价控制在最经济合理的范围内，房地产企业需要规范项目的规划设计。

一、规划总体构思

房地产项目工程的总体规划理念是一个项目的总体纲领，是项目后期各项工作的根本依据。

项目工程的总体构思，主要要求如图 3-5 所示。

要求一	小区设计必须树立"以人为本"的规划设计思想
要求二	住宅小区规划应因地制宜，与周围环境相协调
要求三	小区设计应富有个性、特色突出

图 3-5　项目工程的总体构思要求

随着小区规划要求的逐渐提高，住宅区不但要有特色，进行主题性的诠释，住区内住宅组团也应尽可能有各具特色的住宅群体形态、标志。现代社区大部分都以组团的形式来进行小区域围合，便于特点集中和动静分离。

二、空间关系处理

建筑工程在设计规划中，应处理好如图 3-6 所示的四种空间关系。

图 3-6　应处理好的四种空间关系

1. 动与静的关系

住宅区空间中包含的要素很多，大体上分为动、静两类，具体如图 3-7 所示。

住宅区空间由以"静"为主的建筑物和构筑物组成，在以"静"为主的场合

图 3-7　住宅区空间包含的要素

下，要善于用"动"的因素调和其呆板的局面，冲破建筑物的凝聚感，山景、水面是重要的动态景观。在以"动"为主的场合下，要善于用"静"的因素丰富其单调的空间感，如在湖泊的远岸或水中建造一些不致压境的、耐人寻味的建筑小景。

2. 虚与实的关系

虚实结合、相间有度，是空间美学的一个重要概念。建筑规划时可以遵循如图 3-8 所示的原则。

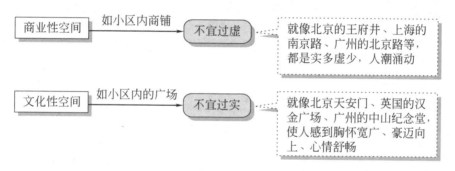

图 3-8　建筑规划遵循的虚实原则

3. 建筑与环境的关系

要做到建筑与自然景观相和谐，在山上搞建筑，应该遵循"宜小不宜大、宜低不宜高、宜脚不宜顶、宜隐不宜漏"的原则，这样既不会破坏山景，又提高了居住区的自然环境质量，和谐才是美。

4. 高层建筑和低层建筑的关系

高层建筑高大宏伟，可以体现一个国家、一个地区的建筑艺术水平，可以丰富一个城市的空间景观，可以节约大量的土地。站在高层顶端，可以一览城市风景，心情舒畅。

高层建筑安全性低，没有经受过强烈的地震考验，在消防问题上还没有什么更好的办法，其成本高，高层体量大，荷载强度高，地基处理及建筑成本相关问题多，其他还包括如阳光纠纷和风环境及外景的纠纷问题、年长日久的强度丧失问题、长期居住在高楼大厦引发的健康问题等。

多层建筑成本低，建设周期快，维护费用小，能源消耗少，即使出问题，重建也不是太难的事情。多层建筑不会过高的增加城市容积率，城市病（如交通、环境污染等）也不会发展成难以克服的困难。

三、总体规划的要求

对于房地产项目的总体规划，一般需要满足的要求，具体如图3-9所示。

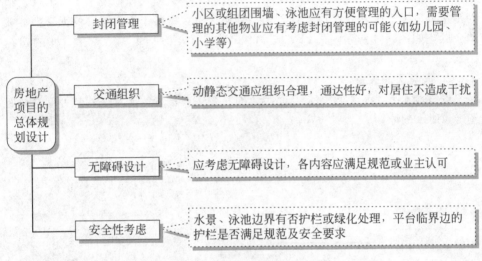

图3-9 房地产项目的总体规划设计

四、总图竖向

对于设计公司制作的施工图，工程总监应代表房地产企业明确总图竖向的要求，具体如图3-10所示。

五、消防

总图中应做好消防车道及消防车登高面设计，注意人车分流，当消防车道下面为地下室时，结构应考虑消防车荷载。消防车道的坡度要满足国家的相关规范要求。各管线检查口尽量设于绿化中，当消防路或消防登高面要求过宽影响环境景观时，可采用部分绿化遮盖措施。

六、附属用房

对于房地产项目中的附属用房的设计，主要包括以下3点，如图3-11所示。

要求一	明确高切坡、高回填土等特殊地形，以及相邻建筑高差的专门处理措施
要求二	明确挡土墙及湖岸挡墙的做法
要求三	内外标高不得有误，务必注意与周边道路及环境的关系，总图与单体室外标高必须协调
要求四	明确小区内道路及与小区相邻道路标高、衔接关系及具体做法
要求五	明确各建筑物出入口踏步设计
要求六	道路标高坡向与雨水进水口位置应相符
要求七	避免园路井盖高低不平和有缺损，园路、窨井要统一标高

图 3-10　总图竖向要求

要求一	管理用房应设在小区显著位置(如入口附近)
要求二	垃圾站应设在住宅(区)的下风向和较隐蔽处，其面积不宜小于6平方米，与住宅距离不宜小于10米，外部与道路相连，垃圾站地面及内壁宜贴光滑、易清洁材料，并配置给排水设施
要求三	水泵房、变电站、垃圾站、箱变、地下人防、围墙、煤气调压站等设计应明确其平面位置及具体做法，且需结合环境布置，不能影响美观

图 3-11　附属用房的设计要求

七、室外环境

对工程室外环境的设计要求，具体如图 3-12 所示。

八、道路

对于房地产项目的道路设计要求，具体如图 3-13 所示。

下面提供一份××小区建筑设计规划方案的范本，供读者参考。

要求一	建筑间距应满足防火间距、日照间距、各工程管道占地宽度等的设计要求
要求二	明确道路两侧及小区内雨水排水系统做法，室外大范围的平台、踏步，应设截水沟，组成排水网，如设置雨水口，应明确雨水口的设置位置和做法
要求三	室外工程如雨水管井过多而影响路面美观，可采用雨水盲沟排水方式，上用卵石装饰，雨水或雨水管排入盲沟内，统一排入市政管网(本方法主要适用多层住宅)
要求四	散水做法：埋入地下200毫米，上设绿化
要求五	室外庭院设置在地下室顶板上，当覆土层较厚时要充分考虑其重量，花池可通过带有微孔的PVC管外包土工布排入最近的雨水井，或事先在地下室顶板上预留排水孔，但应做好防水处理
要求六	室外泳池：深水池1.2～1.4m，按摩池0.75～0.8m，儿童嬉水池0.6～0.8m，埋地设计的游泳池应设管沟或柔性套管，以免因沉降而造成水管破裂和检修困难
要求七	化粪池、下水道位置距建筑主体不能太近，否则维修开挖时会导致建筑沉降，且维护成本高

图 3-12　室外环境的设计要求

要求一	车道应满足停车、倒车尺寸要求及车行道、回车场等规范的规定
要求二	小区内道路设计要一次到位，后加时易引起客户纠纷
要求三	小区内的道路应考虑搬家车辆能够进出
要求四	避免小区内的道路出现横向裂缝——混凝土延路施工应每隔4～6m留伸缩缝
要求五	避免道路混凝土半角偶出现裂缝、窨井周边混凝土出现裂缝——应加设防裂钢筋和角偶钢筋
要求六	机动车道上的排水沟沟盖板要选用带胶边的铸铁或其他新产品，不宜采用水泥盖板，以免车开过后噪声大，易破裂
要求七	分期建设的工程项目，总平面图应平衡各期的道路、人行道，尽量减少标高、坐标等做法的差异引起的损失

图 3-13　道路设计要求

【实战范本】××小区建筑设计规划方案

××小区建筑设计规划方案

一、项目背景

设计依据如下。

(1)《中华人民共和国城市规划法》。

(2)《城市规划编制办法》。

(3)《城市居住区规划设计规范》(GB 50180—93)。

(4)《住宅设计规范》。

(5)《建筑设计防火规范》。

(6)《河北省城市规划管理技术规定》。

二、工程概括

本工程地块北至××路,西至××国道,南至××路,东至××路。地块内土地平整,总用地面积约261.8亩。

三、项目设计理念

以创造现代、文明、自然的生活方式为出发点,通过科学、合理的规划布局和别具特色的单体设计全面提升生活层次,目的是创造出新颖、健康的建筑内外环境。考虑当地实际的消费模式及习惯,结合我们对住宅建筑发展潮流、趋势的研究与判断,总结确立了以下6条设计原则。

1. 多样性

在小区建筑规划设计中贯以现代简洁为主线的多样原则。小区品质体现文化多元性;住宅类型多样化;住宅层次多样化;小区功能多样化,包括围绕居住生活的娱乐、休闲、学习等的功能;环境设计多媒体化,包括建筑媒体、绿化媒体、音乐媒体、多媒体等。

2. 开放性

现代的社区应该包括开放的内涵,体现在空间、功能等模块的设计上。

从宏观上在设计中贯穿可持续发展原则,使小区环境生态得到最大的保护、利用。

3. 时代性

适应时代的发展和科技的进步,e生活(宽带传输、电子商务、SOHO、VOD视频点播等)不仅是一种时尚,且已上升为必需,小区内按照国标进行智能化配备,为此提供基础。

4. 合理性

合理性原则体现在对小区功能区块分析、路网的布置设计、对户型的精心调整、对造型时尚的分析和重新创作等诸多方面,对各项感性及理性指标综合进行量化的理解贯彻,由理性途径到达合理性目的。

5. 安全性

闭路电视监控系统、防盗报警红外线闯入报警系统、出入口控制系统、24小时电子巡更系统，利用先进的保卫系统，做到安全无误。

6. 生态性

对自然条件的关注成为在设计中情趣与感性表现的基础。人类的外在环境已不再是过去的自然生态系统，它是一种复合人工生态系统。自然形态与建成形态之间的界线变得日益模糊，自然要素投入建筑，建筑构成景观的框架，而对自然条件的理解现在已经扩展到对人文、历史等因素的关注。结合本地特定的自然环境条件，在设计阶段充分体现对小区建设生态性的关注尤为重要。

四、规划设计

1. 规划指导思想

本项目规划设计充分考虑地块场地特征与地方文脉的独特品质，使小区环境和房型能在较长时期保持实用性，最大限度满足小区业主日益增加的对居住品质提高的要求，创造优雅、生态和私密性的室内外空间，使该小区具有的空间、视觉和生态环境，为小区业主提供一个品质高尚、主题明确、环境雅致的良好居住空间，体现出新世纪充满社区归属感的生活风貌。为倡导健康品位的生活方式，小区遍布室内外健身设施、儿童游戏，设置休闲观赏性设施，更有毛石景坛、拼花铺底等点缀小区文化景观。

2. 空间布局

空间：内虚外实，内阴外阳。

整体空间是以小区集中绿化形成的大空间逐渐渗透到庭院空间的绿化体系中，形成一个主次分明的空间体系。

3. 活动空间

（1）小区内部的活动空间主要有三大类：公共活动空间、儿童活动场及健身活动场。

（2）公共活动空间分为三个层次：一为小区公共活动空间；二为小组团隔离带绿地活动区；三为宅间活动区。三者形成连贯的体系，满足不同的活动需要。

（3）儿童及健身活动场地根据各自特点，分开布置，满足每个组团的服务要求，内部布置活动器械和场地。

4. 道路交通系统设计

（1）居住区建成后应具备良好的外部交通条件。居住区道路在保证内外交通联系便利、畅顺的前提下，创造适度的人车分流交通系统，同时又将道路设计与住区城市设计相结合，强调对景与转换，以形成步移景异的空间变化。

（2）小区交通系统内环行的车行道路，使景观道路承受较小的交通压力，更趋向于景观作用。同时次要道路又形成一个组团的联系，入户车行道路呈枝形放射到达每家每户。人行系统与休闲步道、中央绿地、组团绿地室外广场相结合。

（3）小区机动车停放采用室内停车位及地面停车两种形式。

5. 绿化景观系统设计

城市的高度聚集造成了拥挤和喧闹的现代"城市病态",快速的生活节奏使人们的生活蜕变为家与公司两点一线奔波。创造一个宁静的生活环境、一个温馨的家,对忙碌了一天的业主来说可谓是沙漠里的绿洲、骇浪中的避风港。在这有品位的环境中,有业主渴望交往的休闲空间,同时又有充满阳光与朝气的健身环境,因此通过以下手法营造出一个"都市绿洲"这种生态文化型的理想生活居住空间。中央绿地设置景观节点,靠近城市道路时考虑布局要求,错落有致,形成了一个有序空间。

各具有特色的四季乔木、灌木、鲜花草坪,质感强烈的压模仿石小径、古树草亭、木制曲廊、特色宅前花园围墙、林荫道、休闲座椅等构成了一副动人的美景,而地面铺砌动与静、平与湿、光滑与粗糙、规则与不规则形成场所感。总之,以上手法的运用使整个小区环境设计在讲述均好性的基础上体现个性,在整体统一的基础上体现典雅趣味。通过一系列的素雅、柔顺、富有活力的流动空间及一系列的丰富典雅的艺术符号来营造一种各顺其势、互为因借、松紧从心、宽窄随意、因型成势、因势造型、顺风导势、引人入胜的怡人境界,让每一个业主多一分惊喜,少一分遗憾,"以人为本"不经意间流露出来。

6. 配套设计

本工程配套设计包括给排水规划设计(其中排水设计为雨污分流式);电力、电讯规划设计;灯具工程设计;监控设计等。

五、建筑设计

(一)住宅单体建筑设计

1. 总体原则

基于对本地块地形状况、景观条件、社会需求等方面的研究,本着"一切为住户着想"的原则进行设计,从功能平面到造型风格进行深入探究,丰富内涵的同时注重其外延,追求其文化附加值,力求创造一个格调高尚、户型多样、成熟、切合实际的高品位、高质量的生活空间。

2. 里面造型

鉴于项目开发量较大,如何做出特定环境下的特定形式,从地域与地段、历史与文化、传统与当地关系等角度研究,都必须对小区的开发做出一个负责任的设计。本案以创新为目标力求在尊重自然也考虑地方文化本质的前提下,充分体现当代意识,创作流露现代气息、稳重端庄、含蓄大方的住宅群体形象。住宅单体在体量分解与组织、结合功能空间在建筑屋顶构架等细节方面做了一定的努力与尝试。在造型上对大众欢迎的建筑形象加以抽象提炼与概括,巧妙运用建筑符号如凸窗等,通过材质的场面、色彩、肌理的表现,结合现代建筑对比例、尺度的理解和把握,使建筑造型整体简洁大方,达至简练成熟的视觉效果,并充分体现住宅作为一种特别的生活方式所包容的生活情趣。建筑设计注重参与性及周围住宅的和谐对话,既在体量、形式、色彩上成为独特亮点又与环境融为一体。整体造型上力求体现简洁、明了的风格,本着"一切为住户着想"的原则进行设计。

(二) 公共建筑设计

1. 总体原则

根据城市居住区规划设计规范 GB 50180—93 的要求,该小区按照组团的要求设置公共设施。

2. 商业网点

沿××路、××国道和××路均设置商业服务建筑。

3. 物管用房

小区物管用房集中设置,具体位置在中心景观位置,结合景观设置。

4. 垃圾收集

在每栋住宅单元入口处均放一个垃圾箱,由物业公司按时收集垃圾,送到小区内设置的垃圾房,再由专人送至城市垃圾处理站。小区内垃圾房放置沿东侧道路,方便垃圾的外运,具体位置详见总平面图。

5. 配电房

小区内在隐蔽位置设置了配电房,满足小区住户的用电需要,具体位置详见总平面图。

6. 机动车停车场地

小区内机动车停放采用内外兼顾的方式,该小区设置室内停车场地 217 个,室外停车以绿地停车和路边停车为主,其中绿地停车与树阵式绿地相结合,可提供停车位 40 个。

7. 自行车停放

小区内每栋住宅楼底层均设计了 2.50m 高的储藏室兼自行车库,储藏室面积满足规划要求 (1.5 辆/户)。小区物业要求每户自行车必须停入储藏室内,提升小区档次同时也便于管理。

(三) 消防设计

小区主要道路与城市道路紧密相连,小区内道路循环连通,道路宽为 4~7m. 满足消防要求。

六、结构设计说明

(一) 设计依据

1. 各现行有关设计规范、规程

(1)《建筑结构荷载规范》(GBJ 19—87)。

(2)《砌体设计规范》(GBJ 3—88)。

(3)《混凝土结构设计规范》(GBJ 10—89)。

(4)《建筑抗震设计规范》(GBJ 11—89)。

(5)《建筑地基基础设计规范》(GBJ 7—89)。

(6)《建筑桩基技术规范》(GBJ 94—94)。

(7)《多孔砖 KPI 型建筑抗震设计与施工规程》(JGJ 68—90)。

(8)《建筑软弱地基基础设计规范》(DBJ 79—91)。

(9)《建筑地基处理技术规范》(JGJ 79—91)。

2. 抗震设计要求

本工程所在地区地震设防基本烈度为7度。

设计荷载（标准值）如下。

(1) 活荷载：主要活荷载如下。

住宅卧室、起居室：2.0千牛/平方米。

住宅厨房、卫生间：2.0千牛/平方米。

会所：1.5千牛/平方米。

(2) 基本风压：0.4千牛/平方米。

(3) 基本雪压：0.4千牛/平方米。

3. 结构重要性及安全等级

本工程类别为乙级建筑；结构安全等级为二级；框架抗震等级4级。

（二）结构选型与计算方案

本工程为多层住宅，拟采用砖混结构；对空间有一定要求的会所拟采用框架结构。

本工程结构计算采用计算辅助设计完成，所有构件尺寸选定及配筋均由计算机程序进行计算，并加以人工干预。计算机所使用程序将采用中国建筑科学研究院PK、PMCAD工程部编制的结构计算系列软件包。

（三）地基基础

待岩土工程勘察报告提出后，根据工程地质具体情况，通过较多方案比较，采用经济合理和可行的地基处理方案。初步考虑五～六层住宅采用天然地基（或人工换土）浅基。

七、给排水设计说明

（一）设计依据

(1)《建筑给排水设计规范》(GBJ 15—88)。

(2)《室外给排水设计规范》(GBJ 13—86)。

(3)《室外给排水设计规范》(GBJ 14—87)。

(4)《建筑设计防火规范》(GBJ 16—87)(1997年版)。

(5)《泵站设计规范》(GB/T 50265—97)。

（二）给水系统，生活污、废水处理系统，雨水排水系统

1. 给水体统（包括生活给排水系统和消防给排水系统）

给水系统采用室外生活给水系统与室外消防给水系统合用，由城市给水管网直接供水，由市政提供两路给水引入管，引入管管径为DN150，管网最低水压为$P=0.2MPa$，室外给水管道采用给水铸铁管，环状供水，沿管道敷设，给水管径为DN150，埋深不小于0.7米，此管网供给各小于12米的单体建筑（此类建筑不设消防给水）的生活给水系统、超过12米建筑的底下四层的生活给水及

绿化用水。

同时，室外消防设置2个消防栓，室外消防水量为12L/s，消防栓保护间距为120米，沿道路设置。

超过12米的建筑的生活给水底下四层由室外生活与消防合用系统直接给水，四层以上由变频水泵供应。水泵引入水管为DN150，出水管为DN100。消防泵房设在地下室，消防水源利用水景水流。

生活水泵房和消防水泵房合用。

2. 生活污、废水及处理系统

本工程严格执行雨、污水分流的排放体制。污水排水量按生活水的90%计算，最高日生活排水量100m³/日。

室内生活用水污、废分流，污水经化粪池处理后排入市政污水管网，污水管网采用UPVC排水管。

3. 雨水排水系统

雨水排水系统设计重现期取两年，基地汇水面积为$5m^2$，地面积水时间为$t=10min$，管中充水延缓系数为2。屋面、道路及场地都为组织排放，排水总管径为$\phi500$，最终排入市政雨水系统。

八、电气设计说明

(一) 设计依据

(1)《建筑电气设计规范》(JGJ/T 16—92)。

(2)《住宅设计规范》(GB 50096—1999)。

(3) 建筑单位提供的相关资料。

(二) 设计范围

(1) 小区内变配电所电气设计。

(2) 小区内各建筑单体的室内电气设计。

(三) 供电设计

1. 电力

(1) 负荷等级。住宅的主要用电设备为住宅内的照明和各类家用电器，公共建筑内的照明、空调设备、水泵、防报警设备，配电电压为380V和220V，其中消防用电设备按二级负荷设计，其余均按三级负荷设计。

(2) 供电电源及电压。由城市电力网电力电缆引入本住宅区，在区内设电力开关站，高压电缆以环行供电引至小区各箱式变电柜。各箱式变电柜引出的0.4kV低压干线采用YJV22-1型电缆放射至电缆直敷设方式。

(3) 用电负荷测算。负荷标准如下。

居住建筑：(高档) 15kVA/户、(普通) 12kVA/户。

公建：$60VA/m^2$。

负荷系数取0.75。

(4) 低压配电。住宅照明插座设计按国家住宅规范要求设计，计算到户。配电线路采用塑料铜芯线穿阻燃 PVC 管敷设。

2. 弱电

（1）市内电话标注及测量。

标准：居住建筑，2 线对/户。

公建：1 线对/100m²。

测量：居住建筑，2×150 户＝300 线对；其他，20 线对。

（2）有线电视。每户住宅按 2 台电视终端设计，公建部分按实际需要设计。

（3）宽带网络及保安系统。设计考虑宽带管线入口预留接口，住户及公建相关信息以总线方式通过环网传输至物业管理系统，网络系统具有以下功能。

——与国际互联网络连接。

——可通过户内终端享受物业管理中心提供的各项服务，如购物、医疗保健咨询、家庭教学、了解市场经济、了解交通信息等。

——三表（水、电、煤气）出户抄表。住户三表信息通过网络系统传输至物业管理中心，进行纪录储存。

九、环保卫生设计

（1）本方案的住宅日照间距按国家有关规定大寒日日照时间大于 3 小时设计，并考虑住宅的最佳朝向和视线干扰的问题，使住户的心理和生理卫生得到保证。

（2）本工程厨房油烟经排烟罩脱油烟竖井至屋面排放，卫生间废气靠外墙利用自然通风，其余经竖井至屋面排放。

（3）会所等公建采用的空调设备均采用低噪声设备并采用消声处理。所有空调房间均按规范要求设新风。

（4）各设备（水泵）采用低噪声设备。

（5）生活污水经 WSHA 生活污水厌氧处理，达到国家地面水排水标准后排放。

（6）各污、废水立管均设室内透气帽。

（7）生活垃圾集中收取，每天清运出去。

第三节　设计阶段管理

我国民用建筑工程设计一般分为方案设计、初步设计和施工图设计三个阶段。方案设计是整个项目的灵魂骨架，初步设计是缠绕在这些骨架上的经脉血管，而施工图设计则是包容整个骨架和经脉血管的肉身之躯。

一、方案设计管理

方案设计是根据城市规划行政主管部门提供的规划设计条件和该工程的建设

要求、建设单位的意见等进行综合构思所提出的初步设想。

1. 方案设计的重要性

方案设计是整个设计工作的开端,是基于红线地形图基础上的创意设计。在此设计过程中,需要大量的理论分析、资料收集整理及各单位之间的沟通协调工作,将空间环境、道路交通、水文地质、风向日照、生态植被、生活习惯以及业主的要求、规划条件和各专业的技术要求进行整合,确定建筑的总平面、立面、剖面以及场地的设计。

方案设计的成功将对如图3-14所示的3个方面产生深远的意义。

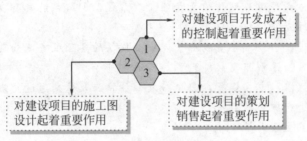

图3-14 方案设计成功产生的意义

(1) 对建设项目开发成本的控制起着重要作用。以土石方成本控制为例,当建设项目用地处于复杂地形的时候,如果在方案设计的过程中,忽略或较少地考虑到现场地形对整个建筑物布局、外环境布局的影响,最终难免会造成项目"大挖大填"、多次返工的现象,甚至还会由于最初方案设计的不合理而导致对其进行临时变更。如此一来,建设项目不仅增加了很多不必要的土石方开挖成本,同时对建设项目现场施工的连贯性也造成了一定的负面影响,从而拖延施工进度。

因此,在进行方案设计的过程中,不仅要结合专业知识对小区的使用功能进行合理的设计,同时也应该要结合现场实际情况对方案设计进行反复推敲、反复论证,使得建设项目既能节省开发成本,又能提高方案的可行性。

(2) 对建设项目的施工图设计起着重要作用。在高度重视方案设计和施工图设计阶段的当下,往往容易忽视初步设计,因此,方案设计的成败就显得尤为重要。好的方案设计会充分考虑各专业的问题,给各个专业留下足够空间,即使在没有初步设计阶段的情况下也可以保障施工图设计顺利进行,确保项目方案设计的完整性的情况下能够高效、保质、按时完成施工图设计工作,反之则有可能将原方案改得面目全非,从而浪费时间、增加成本、降低工作效率、降低市场影响力,更有甚者导致项目不能继续进行,可谓是"赔了夫人又折兵"。

(3) 对建设项目的策划销售起着重要作用。开发商开发的建设项目,无论是写字楼还是住宅小区,最终目的都是清售、盈利,然而影响建设项目销售的因素有很多,以住宅小区为例,消费者更看重的无疑是小区布局、小区户型、房屋价格、房屋质量、住户采光率、配套设施等因素,其中,小区布局及小区户型的合理设计对消费者的购买意向起到了决定性作用。

小区的布局体现在楼座之间的间距、楼座摆放的角度、外环境的布置、停车场的布置等；小区的户型则体现在是否南北通透、是否五明、是否有赠送面积、是否有跃层、是否一梯两户等，这些因素直接影响着住户在小区生活的舒适度，因此，有必要在方案设计时，引起建设单位及设计单位的高度重视，从而减小将来对该建设项目销售策划方面的压力，也能提高该建设项目在业内销售的口碑，可谓"名利双丰收"。

2. 方案设计的审查形式

方案设计审查分为三种形式，具体如图3-15所示。

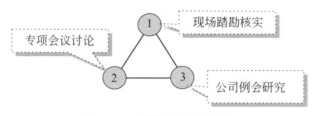

图3-15　方案设计审查的形式

（1）现场踏勘核实。现场踏勘核实主要是围绕方案设计审查重点进行现场落实。规划发展部牵头组织现场踏勘核实小组，小组成员由公司有关部门及专家人员组成，全线、全方位地对方案设计中的有关指标和项目未来实施的可能性进行点对点一一核实。对现场踏勘后存在的遗留问题，技术方面的问题交由设计单位考虑和解决，项目相关实施环境问题交由专家会议或公司例会研究决定。

（2）专项会议讨论。专项会议讨论应结合设计方案和现场踏勘情况进行，各有关部门及专家人员根据自己的职责分别就设计方案提出意见和想法，供设计单位人员参考和调整，最终选定最佳初步方案。整个会议讨论内容由规划发展部形成正式会议纪要并分发到参会各单位部门。

（3）公司例会研究。公司例会研究是指方案设计经过了现场踏勘核实和专项会议讨论后，由规划发展部在公司例会上作汇报，对比选方案中的"为什么"作全面阐述。公司例会研究通过的方案设计应按基本建设程序进行报批。

3. 方案设计审查的重点

方案设计审查的重点内容如图3-16所示。

二、初步设计管理

初步设计则是基于方案设计所提出的初步构想，对整个项目进行可行性研究的进一步深化的设计。

1. 初步设计的重要性

建设项目施工图设计质量差、设计变更频繁的现象不仅增加现场施工管理的

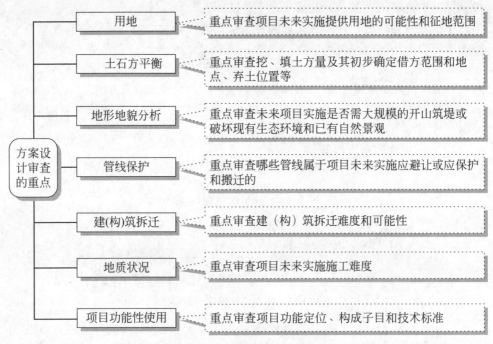

图 3-16 方案设计审查的重点

难度,还增加了现场局部临时返工的次数,从而延误施工进度、增加开发成本。在建筑业飞速发展的今天,这种现象早已屡见不鲜,而导致该现象发生的重要因素之一就是对初步设计的严重忽视。

初步设计阶段的设计内容一般如图 3-17 所示。

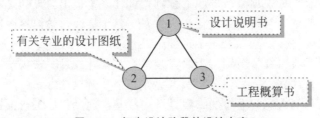

图 3-17 初步设计阶段的设计内容

图 3-17 中每一个环节都有着它不可取代的作用,具体如下。

(1)设计说明书的作用。设计说明书是建筑设计初步设计阶段的方向盘和灵魂所在,它不仅将设计的内容基本定型,而且其设计深度也直接影响到后续工作的连贯性和细化程度。

设计说明书的设计深度,就是要将初步设计尽量细化,不仅仅局限于简单的介绍设计依据、工程概况、地质情况、施工工艺、结构选型、抗震等级等基本的内容和参数,还应当将建筑、结构、给水排水、强电、弱电、采暖、空调与通风、热能动力、智能、消防、节能、人防、环保、劳动安全卫生等各个方面的相关设计思路、设计标准和相关的参数指标等进行详细的说明,这样不仅能够使人通过设计说明书就一目了然地了解到工程项目的基本情况,并形成一个比较具体的形象,还能方便相关部门和单位在审图的过程中更轻易地发现初步设计中的缺陷和不足,以便于设计的完善和补充。

(2) 有关专业设计图纸的作用。设计图纸在建筑设计初步设计阶段的目的就是为今后的施工图设计打下坚实的基础。初步设计图纸的深度,就是要使设计图纸尽量的深化完善,这样就可以使得设计图纸中的问题和各专业图纸之间的矛盾能够被尽早发现,不仅有利于施工图的完善和各专业设计之间的协调,而且能够有效缩短建筑设计施工图设计阶段的时间。在施工图设计中可以着重针对建设单位对于工程项目局部功能的变更意见进行修改,而不必进行繁重而系统的施工图设计和修改工作。

另外,初步设计图纸的深度,还有利于将工程概算书尽量细化和实际化,对于控制工程项目的造价也有积极的意义。

(3) 工程概算书的作用。工程概算书不仅影响到工程项目造价的控制,还会影响投资计划的真实性和投资资金的合理分配。其深度就是要使工程概算书完整并准确地反映设计内容,同时真实地反映其编制时工程项目所在地的物价水平。

初步设计阶段,是确定建筑设计重大技术问题、方案和标准的主要阶段,而这些因素都是控制工程项目造价的重要因素,因此,工程概算书的深度将直接影响到工程项目造价的控制程度。

2. 开展初步设计的必备条件

开展初步设计的必备条件如图 3-18 所示。

条件一	建设项目报告经过审查,并已获得核准文件
条件二	建设项目业主已办理征地手续,并已获得城市规划部门和国土资源部门提供的建设规划用地许可证和建设用地红线图
条件三	建设项目取得规划部门提供的规划设计通知书
条件四	建设项目业主主要办理各种外部协作条件的取证工作和完成科研、勘察任务,并转交设计单位,作为设计依据(工程设计和概算)

图 3-18 开展初步设计的必备条件

3. 建设项目业主对初步设计的原则要求

建设项目业主对初步设计的原则要求如图 3-19 所示。

4. 初步设计的深度

初步设计的深度应满足如图 3-20 所示的要求。

经批准的可行性研究报告中所确定的主要设计原则和方案,如建设地点、规

要求一	建设项目远景与近期建设相结合,加快建设进度的要求
要求二	充分利用和综合利用资源与原料的要求
要求三	装备水平、机械化自动化程度的要求,采用先进技术、工艺设备的要求
要求四	建筑形式、景观、结构的要求
要求五	建设标准、环保、安全、卫生、劳动保护的要求
要求六	合理选用各种经济指标的要求
要求七	节约投资、降低运营成本的要求
要求八	建设项目扩建、预留发展场地的要求
要求九	贯彻上级或领导部门的有关指示及其他有关的原则要求

图 3-19　建设项目业主对初步设计的原则要求

要求一	多方案比较:在充分细致论证设计项目的效益、社会效益、环境效益的基础上,择优推荐设计方案
要求二	建设项目的单项工程要齐全,要有详尽的工程量清单和计算书,主要工程量误差应在允许范围内
要求三	主要设备和材料明细表要符合订货要求,可作为订货依据
要求四	总概算不应超过可行性研究报告投资估算总额的10%
要求五	满足施工图设计的准备工作的要求
要求六	满足土地征用、投资包干、招标承包、施工准备、开展施工组织设计,以及生产准备等项工作的要求

图 3-20　初步设计的深度应满足的要求

模、工艺流程、主要设备、主要建筑标准等在初步设计中不应有较大变动,若有重大变动或概算突破投资估算总额的10%时,则要申明原因,报请原审批主管部门批准。

5. 初步设计的审查

业主对初步设计的审查主要包括两方面的内容,具体如图 3-21 所示。

此外,对于一些比较复杂的或有特殊技术问题的建设工程项目应增加技术设

图 3-21 初步设计审查的内容

计工作。技术设计是对设计中比较复杂的项目、遗留问题或特殊需要,通过更详细的设计和计算进一步研究、论证和明确其可靠性和合理性,准确地决定各主要技术问题,其设计深度和范围基本上和初步设计一致。

三、施工图设计管理

施工图是工程项目设计和工程施工过程的桥梁和纽带,其具体包括建设项目各部分工程的说明图和零部件、结构件明细表,以及验收标准、方法等。施工图设计主要是通过图纸将设计者的意图和设计结果表达出来,并把设计图纸作为现场工人施工的标准依据。

1. 开展施工图设计的必备条件

开展施工图设计的必备条件如图 3-22 所示。

条件一	建设项目业主已取得上级或主管部门对初步设计的审批核准书、批准的工程建设计划和核发的施工图设计条件通知书
条件二	初步设计审查时提出的重大问题和初步设计的遗留问题已经解决,施工图阶段勘测及地形测绘图已经完成
条件三	外部协作条件,如水、电、交通运输、征地、安置的各种协议已经签订或基本落实
条件四	主要设备订货基本落实,基础图资料已收集齐全,可满足施工图设计的要求

图 3-22 开展施工图设计的必备条件

2. 施工图设计深度

施工图设计应满足如图 3-23 所示的要求。

3. 施工图设计审查

施工图设计审查的重点是使用功能是否满足质量目标和水平,具体要求如图 3-24 所示。

要求一 满足设备材料的安排及土建施工、安装的要求

要求二 满足非标准设备和结构件的加工制作

要求三 施工组织设计的编制,应满足施工的设计安排

要求四 设计说明和技术要求应满足施工质量检验、完工验收的安排

图 3-23 施工图设计深度

要求一 总体审核
主要审核施工图纸的完整性和完备性及各级的签字盖章,以及工程施工总体布置和工艺流程的合理性、项目是否齐全、有否子项目的缺漏等

要求二 总说明审查
审查重点是所采用的设计依据、参数、标准是否满足质量要求,以及各项工程做法是否合理、工程措施是否合理、技术标准是否满足工程需要等

要求三 图纸审查
主要审查施工图是否符合现行规范、规程及标准的要求,以及图纸是否符合现场和施工的实际条件、设计深度是否符合要求等

要求四 审查施工预算和总投资预算
审查预算编制是否符合预算编制要求、工程量计算是否正确、各项费用是否符合规定,以及汇率计算、银行贷款利息、通货膨胀等各项因素是否齐全,总预算是否在总概算控制范围之内

图 3-24 施工图设计审查的要求

四、设计变更管理

在项目施工图发出后,设计单位根据建设单位要求,对设计图纸做出的变更,统称设计变更,包括设计修改、设计补充。

1. 设计变更分类

设计变更分为一类设计变更和二类设计变更。

(1) 一类设计变更。包括规划指标、建筑方案、功能布局、面积指标、重大效果等的设计变更,以及可能引起法律纠纷(如与主力店的合作纠纷、可能导致购房业主的法律纠纷)的设计变更。

(2) 二类设计变更。一类设计变更以外的设计变更,包括但不限于:售楼协议文件、设计图纸错误(错、漏、碰、缺);配合施工需要、设计优化、业态对

接和专项设计分步实施，以及配合商家进场造成的设计修改或补充事项等。

2. 设计变更及变更文件管理

设计变更是设计管理工作中必不可少的一部分，加强设计变更与变更文件的管理，需要做到如图 3-25 所示的 5 个方面。

要求一	如果确定属于原设计问题，导致无法保证项目施工质量，或设计遗漏、设计错误等，则要按照设计变更程序严格执行
要求二	通常情况下即使在技术经济上变更要求是合理的，仍然要做全面考虑，比较变更后的效益与施工单位的索赔损失，权衡利益后再做是否变更的决定
要求三	如果施工过程中出现材料代用的情况，则要办理材料代用单，坚决不得出现内容不明确、缺乏详图或者具体使用部位只是纯材料用量变更的现象
要求四	尽可能提前变更设计文件及图纸，在施工开始前做一次全面的图纸会审，这样可以减少设计变更，避免因拆除而造成的浪费和索赔冲突事件
要求五	设计变更文件的管理非常重要，要详细、具体记录设计变更的内容，主要包括变更产生的原因、背景、时间、参与人、工程部位以及提出单位等；设计变更要办理工程变更申请表、变更工程量清单以及变更综合单价分析表，还要附带完整的支持材料

图 3-25　设计变更及变更文件管理的要求

下面提供一份施工图设计变更管理办法的范本，供读者参考。

【实战范本】施工图设计变更的管理办法

施工图设计变更的管理办法

一、发起变更

设计变更发起单位或部门（营销中心、商管公司、规划设计中心、项目公司、设计单位等），填写有关变更事项、内容、要求并按集团成批流程进行签批，待核准后根据权限范围转发集团设计规划中心或项目公司设计部落实，项目公司设计部根据结果签发《工程联系单（变更）》，通知工程部、成本部有关设计变更事宜。

二、变更影响评估

项目公司工程部相关专业工程师在《工程联系单（变更）》上描述该设计变更部位的现状（是否已按原设计图纸实施完毕、部分实施或未实施），分析该设计变更对工程质量和进度的影响后，提交设计部，工程部留存复印件。

三、变更审批会签

项目公司设计部经办人负责办理变更的审批会签。项目公司设计部根据工程部提供的《工程联系单（变更）》，如变更可填写《设计变更审批单》，通过审批后，项目公司设计部留存一份原件，成本控制部留存复印件。

四、设计变更通知实施

设计变更审批通过后，项目公司设计部通知设计单位根据《设计变更审批单》中有关设计变更的要求出具设计变更文件，并填写《设计变更通知单》一式五份，经设计副总经理进行确认，工程副总签字后，项目公司设计部负责下发至项目公司成本控制部、工程部及公司其他相关部门，监理单位和其他施工单位由项目公司工程部统一下发，其中施工单位执一份原件。当《设计变更通知单》如果由项目公司设计部编制时，按照附件的标准表格填报后，按照上述流程执行。

五、设计变更实施确认

设计变更实施完毕，施工单位填写《设计变更确认单》一式二份，写明其实施情况，监理和工程部对表单中的事实进行确认，成本控制部对表单中的费用进行确认。经施工单位、监理单位、项目公司工程部经理、成本部经理签字确认后，成本控制部、工程部、施工单位，各留存一份原件，作为工程结算的依据之一，项目公司设计部、监理公司留复印件。无论有无发生，每份设计变更通知单均必须经确认。

六、设计变更结算

结算以《设计变更确认单》《设计变更通知单》及相应的变更图纸作为依据。

七、设计变更文件管理

（1）项目公司设计部负责对《设计变更审批单》《设计变更通知单》进行编号，两个表单为同一编号，编号方法为：在设计变更归属的设计合同的编号后加"※※—bg—×××"（※※为设计合同编号、×××为序号）。

（2）成本控制部负责对《设计变更确认单》进行编号，编号方法为：在设计变更归属的工程承包合同的编号后加"※※—bg—×××"（※※为工程承包合同编号、×××为序号）。

（3）若涉及已发布广告宣传、已签订售楼协议或已租赁商铺的规划及建筑设计变更，应首先通知营销部或商管公司，并由公司法律顾问进行法律评估后，再决定是否进行设计变更。售楼协议及租赁引起的设计变更造成成本增加时，项目公司必须在办理设计变更之前同客户签订费用承担协议。

第四节 设计控制管理

工程设计不仅是施工前的工作，还贯穿于工程建设的全过程，因此，工程总监应对工程设计过程进行管理，中心任务是对设计的工程质量、进度、投资进行控制。

一、工程设计质量控制

工程设计质量包括两个方面的内容：一是工程的质量标准，如采用的技术标准、设计使用年限、工程规模、达到的生产能力；二是设计工作质量，即设计成果的正确性、各设计文件的协调性、设计文件的完备性及明确性、符合规定的详细程度和设计成果数量。

1. 工程设计质量控制实施

工程设计质量控制措施主要有四个方面，具体如下。

设计前控制。在确定设计单位后，设计单位应该首先掌握设计原始资料及其可靠性，重点是工程勘察的重要地形地质资料和参数、水文特征的资料，主要做好如图 3-26 所示两方面的工作。

工作一 编制设计大纲，包括设计原则、设计规程、规范、技术标准；基本数据和条件；设计参数、定额、指标；材料工艺审计准则、重大技术问题论证研究的技术路线与方法、要求达到的经济效益与技术水平等

工作二 建立本项目设计所需的设计工序质量控制措施与设计校审制度

图 3-26 设计前控制应做好的工作

以上两项工作经技改部部长确认后，方可开展设计工作。

2. 设计方案论证审查

设计方案论证审查主要应做好以下 3 个方面的工作。

（1）鼓励设计单位进行多方案比选和设计方案优化，包括工艺设备方案、结构体系、专业工程方案等。对于确实为企业节省大额投资或者有较好建议的，经公司分管领导同意后，给予适当的物质或精神奖励。

（2）对重大方案比较，设计单位有义务做出技术经济选择的意见，并提出优化设计措施意见。

（3）对重大技术问题或技术复杂的工程设计方案，设计单位要组织专门的科研实验，研究落实，再进行全面比较选择优化的方案。

3. 设计工作质量检查

设计工作质量检查，主要应做好以下 3 个方面的工作。

（1）检查设计文件的完备性。设计文件应能够为施工单位和各层次的管理人员所理解。设计文件应包括如图 3-27 所示的内容。

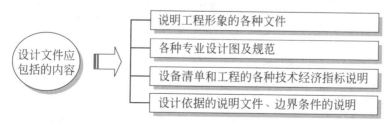

图 3-27 设计文件应包括的内容

(2) 分析设计构思的可行性。工程部会同相关部门分析设计构思、设计工作内容、设计成果的正确性、全面性、安全性，识别系统错误和薄弱环节。分析工程设计付诸实施和工程建成后能否安全、高效、稳定、经济的运行，是否适用、美观，能否与环境一致。

(3) 检查设计的规范性。检查设计是否符合国家或行业标准和规范要求，特别是必须符合强制性标准要求的防火、安全、环保、抗震标准，以及某些质量标准、卫生标准是否规范。工程部主要负责检查设计中可能存在的问题，具体如图3-28所示。

1 技术设计中没有考虑到施工的可能性、便捷性和安全性

2 设计中未考虑到将来运营中的维修、设备更换、保养的方便

3 设计中未考虑到运营的安全、方便和运行费用的高低

4 设计基本资料不详实或深度不够

图3-28　工程部主要负责检查设计中可能存在的问题

4. 设计成果评审

对设计文件的评审，主要依据其功能性、可信性、安全性、可实施性、适应性、经济性、时间性七个质量特性是否满足要求来衡量。

(1) 功能性。衡量功能性的标准如图3-29所示。

标准一	建设规模、生产能力、产品方案、工程组成等符合设计合同、可行性研究报告或基础工程设计（初步设计）审批文件
标准二	公用工程及辅助生产装置配套合理，适应生产装置要求
标准三	总图及装置布置合理，相关防护设施符合规范要求

图3-29　衡量功能性的标准

(2) 可信性。衡量可信性的标准如图3-30所示。

(3) 安全性。衡量安全性的标准如图3-31所示。

(4) 可实施性。衡量可实施性的标准如图3-32所示。

(5) 适应性。根据设计合同规定的要求，工程设计应考虑项目建成后生产规模、产品品种、原材料等条件合理变化的情况，为将来改、扩建留有余地。

标准一	设计基础资料齐全、准确、有效，计算依据可靠合理，设计条件正确，设计文件的内容深度、格式符合规定要求
标准二	专业设计方案比选应有论证报告，结论明确
标准三	采用的设备、工艺技术、材料均应先进可行，采用的新工艺、新设备、新材料均已通过鉴定，并有相应的证明材料
标准四	备机设置、安全系数、备用系数等确定合理，水源、电源选定可靠，确保装置年运转时间达到规定要求
标准五	公用工程及辅助生产装置应与生产装置同期建成，环保和综合利用工程应体现"三同时"原则
标准六	便于维修和建立维修保障，备品备件自给率符合要求
标准七	定型设备应选择国家或行业的系列化、标准化产品，严禁选用淘汰产品

图 3-30 衡量可信性的标准

标准一	总图布置、地基处理、设备、管道及建筑物、构筑物设计安全可靠，具有合理的防御自然灾害的能力，符合规范规定的要求
标准二	工业及民用建筑设计应满足防火和防腐等规范的要求
标准三	按照物料的性质和操作状况，压力容器及管道设计应满足《压力容器设计规范》《压力管道安全管理与监察规定》的要求
标准四	根据生产危险场所的特性与要求，总图、设备、管道、电气、仪表的设计与选型应满足防火、防爆、防雷、防静电等设计规范的要求
标准五	在设备、装置和建筑设计中，按有关规定采取可靠的消防措施并配置了消防器材
标准六	对生产中可能有毒有害或强腐蚀性物料的排放或泄漏以及其他危及人身安全的场所，采取符合工业安全、卫生设计规范和规定要求的防范和控制措施
标准七	环保设计应贯彻"以防为主、防治结合、综合治理"的方针，工业"三废"等有害物质的浓度和排放数量应达到中央或地方政府规定的排放标准的要求

图 3-31 衡量安全性的标准

（6）经济性。衡量经济性的标准如图 3-33 所示。

（7）时间性。衡量时间性的标准包括两方面：一是工程设计文件交付期限应满足设计合同规定的要求；二是设计服务应满足设计合同对建设进度的要求。

标准一	建筑、结构设计应考虑项目建设地区的具体情况和施工单位的作业技术能力、装备水平,并应提出施工验收准则
标准二	设计中应考虑高、大、重设备的运输及安装方案、实施条件、检验置换作业及其他特殊安装要求
标准三	现场制作的设备应考虑现场作业条件及环境特点等因素
标准四	工程设计文件应提供主要设备、材料的采购、制作和检验的技术要求

图 3-32　衡量可实施性的标准

标准一	工程建设总投资满足合同规定或审批文件的要求
标准二	原材料、动力指标接近国内先进水平,生产成本合理
标准三	能源及动力配置使用合理,节能措施先进可行,符合有关规定要求,能耗处于国内同类设计先进水平
标准四	改扩建工程应注意挖潜、填平补齐和节能降耗
标准五	投资回收期、借款偿还期、各项收益率、利润率等技术指标满足相关规定要求

图 3-33　衡量经济性的标准

二、工程设计进度控制

设计阶段进度控制的主要任务是出图控制,也就是要采取有效措施促使设计人员如期完成符合设计要求的初步设计、技术设计、施工图设计图纸。为此,要审定设计单位的工作计划和出图计划并经常检查计划执行情况,对照实际进度与计划进度及时调整进度计划。

1. 工程设计进度的测算方法

工程设计进度的测算方法有如图 3-34 所示的 4 种。

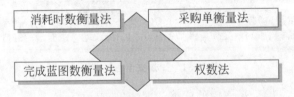

图 3-34　工程设计进度的测算方法

(1) 消耗时数衡量法。消耗时数衡量法,是指根据以往的设计经验,估算目前工程初步设计、技术设计、施工图设计或三个过程设计预计消耗的总时数（指与设计有关的总时数，而不仅仅指设计图纸人员消耗的实数），再估算到某一时间已经实际消耗的总时数是多少，即：

设计进度(完成百分比)＝已耗时数÷预计总时数×100%

（2）完成蓝图数衡量法。完成蓝图数衡量法，是指以蓝图数为衡量依据，根据类似工程的设计经验，估计各工种设计的蓝图数，已完成蓝图数与预计总蓝图数的百分比即为设计完成百分比，即：

设计进度(完成百分比)＝已完成蓝图数÷预计总蓝图数×100%

（3）采购单衡量法。通常为确保施工时主要设备、材料供应不脱节，设计阶段主要设备、材料选型后，要向有关厂家询价，货比三家，并及时发出采购单。设计进度也可以用已发采购单来衡量，即：

设计进度(完成百分比)＝已发采购单数÷预计采购单总数×100%

（4）权数法。以上三种测定设计进度的方法直观易懂，能从一定程度上反映设计进度情况，但都不够全面。权数法是比以上三种更为确切的测定设计进度的方法，这种方法以绘制蓝图为中心来计算设计完成百分数，具体步骤如图 3-35 所示。

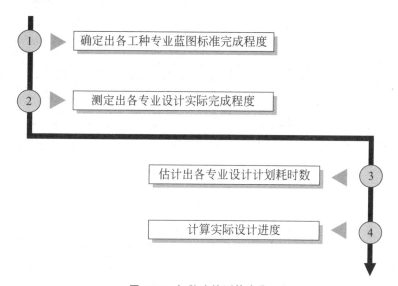

图 3-35　权数法的测算步骤

2. 设计进度控制的方法

设计阶段进度控制的方法是规划、控制和协调，具体如图 3-36 所示。

对于进度控制工作，应明确一个基本思想：计划的不变是相对的，变是绝对的；平衡是相对的，不平衡是绝对的。为了针对变化及时采取措施，要定期、持续地调整进度计划。

在设计单位提交的设计进度计划表上，综合考虑与施工、设备采购搭接的问

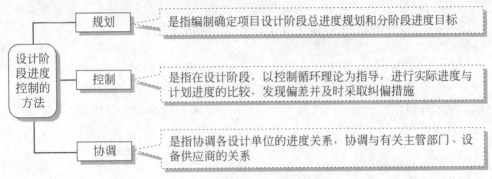

图 3-36 设计阶段进度控制的方法

题，与设计协商，确定项目设计各阶段进度计划（主要是设计单位出图计划），同时根据设计实际进展情况，及时对进度计划作出调整，并协助设计单位解决出现的问题。

3. 设计进度控制的任务

设计进度如果控制不住，将直接影响到项目建设总进度目标的实现。为了缩短建设周期，工程部应协助设计单位进行合理的安排，做好进度控制，主要任务如图 3-37 所示。

任务一	审核设计方提出的详细的设计进度计划和出图计划，并控制其执行，尽可能避免发生因设计推迟而影响项目总进度计划及造成施工单位要求工期赔偿
任务二	协助起草主要甲供材料和设备的采购计划，编制甲供进口材料设备清单，以便企业向有关部门办理进口手续
任务三	协助研究分析分包合同、招投标、施工进度，与设计方协商，使设计进度为招投标及施工服务，并作为进度目标值
任务四	组织各相关部门对设计文件尽快做出审定和决策，以免影响设计进度计划
任务五	在设计过程中进行进度计划值和实际值的比较，并提交进度控制报告和建议
任务六	协调各专业工种设计进度，使其能满足施工进度要求

图 3-37 设计进度控制的任务

三、工程设计投资控制

投资控制贯穿于工程设计的全过程，贯穿于项目建设的全过程。大量的实践表明：不同建设阶段对建设工程项目投资影响的程度是不同的，对项目投资影响最大的是项目投资决策和工程设计阶段。初步设计影响项目投资的可能性为

75%～95%，技术设计影响项目投资的可能性为35%～75%，施工图设计影响项目投资的可能性为5%～35%。因此在建设项目作出投资决策后，控制项目投资的关键就在于关系设计。

1. 设计阶段投资控制基本原理

设计阶段是控制投资的关键阶段，设计阶段投资控制的基本原理是动态控制原理，即在项目设计的各个阶段，分析和审核投资计划值，并将不同阶段的实际投资值、计划值进行动态跟踪比较，当其发生偏离时，分析原因，采取纠偏措施，使项目设计在保证项目质量的前提下，充分考虑项目的经济性，使项目的总投资控制在计划总投资范围之内。

设计阶段的投资控制工作不单纯是项目财务方面的工作，也不单纯是项目经济方面的工作，而是包括组织措施、经济措施、技术措施、合同措施在内的一项综合性工作，具体内容见表3-1。

表3-1 设计阶段的投资控制任务

序号	投资控制措施	具体投资控制任务
1	组织措施	(1)落实投资控制人员 (2)明确投资控制人员的任务分工、管理职能分工 (3)确定投资控制的工作流程
2	经济措施	(1)编制投资切块、分解的规划和详细方法 (2)编制资金使用计划并控制其执行 (3)投资动态控制,进行计划值和实际值的比较,做出控制报表;付款审核
3	技术措施	(1)控制节约投资的潜力,包括设计、施工、工艺、材料设备等方面 (2)作经济技术比较论证
4	合同措施	(1)确定合同的结构 (2)审核合同中有关投资的设计条款 (3)参与合同谈判 (4)处理合同执行中的变更和索赔

设计阶段投资控制技术措施中，在各阶段进展中和各设计阶段完成时都要求进行技术经济比较，进行优化设计，寻求节约投资的可能。技术经济比较是对建筑、结构、水、暖、电等专业工种设计和工艺、设备、材料等多个方面进行全面比较，减少一次性投资和考虑经常费用的全寿命投资，使项目的投资收益最大化。

2. 设计阶段投资控制的方法

在工程设计阶段，正确处理技术与经济的对立统一关系是控制投资的重要原则。在工程设计中，既要反对片面强调节约，忽视技术上的合理要求，使建设工程项目达不到使用功能的要求，又要反对重技术、轻经济，使设计过于保守造成浪费或盲目追求先进脱离国情的倾向。设计阶段投资控制的方法主要如图 3-38 所示。

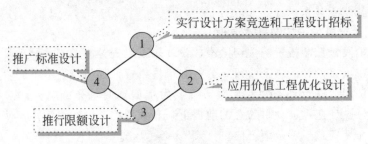

图 3-38　设计阶段投资控制的方法

(1) 实行设计方案竞选和工程设计招标。建设项目工程功能设计的质量水平，对建设项目的投资控制有决定性的影响。通常采用方案设计竞选和工程设计招标的方式获得优秀的方案设计和选择优秀的工程设计单位，其目的是促使工程设计单位为实现确定的建设项目功能目标、质量目标、工期控制目标、费用控制目标和效益目标，采用先进技术，降低工程造价，提高投资收益。

(2) 应用价值工程优化设计。价值工程是对于现有技术的系统化应用策略，对产品进行功能分析并以最低总成本来实现产品的必备功能，提高产品价值的一种科学的经济技术分析方法，用公式表示为：

$$V = F \div C$$

式中　V——价值因数，反映产品功能与费用的匹配程度，是评价产品经济效益的一种尺度；

　　　F——功能因数，反映产品所具有的能够满足某种需要的属性；

　　　C——成本因数，从根据用户提出的功能要求进行研制、生产到用户所花费的全部成本。

对同一工程项目的不同工程设计方案进行价值关系分析比较，所得到的 V 值越高，方案越优。在工程设计阶段应用价值工程分析比较能够在确保建筑产品功能不变或提高的前提下，优化工程设计，努力降低建设和生产成本，使工程设计更符合业主的目标要求。

(3) 推行限额设计。限额设计就是以批准的工程建设项目可行性研究报告和投资估算为限额，部署实施工程方案设计和初步设计，并以批准的工程初步设计及概算造价为限额，部署控制施工图设计，同时，各阶段各专业设计工种在保证工程建设项目使用功能定位和安全的前提下，按分配的投资限额严格控制设计并利用价值工程原理优化设计方案，提高投资效益。

限额设计并不是单纯地强调节约投资，其基本内涵是尊重科学、实事求是、精心设计和保证设计科学性。投资分解和工程量控制是实行限额设计的有效途径和主要方法。限额设计的前提是合理确定设计规模、设计标准、设计原则及合理取定有关概预算基础资料,通过层层限额控制设计,实现对投资限额的控制与管理,同时实现设计规模、设计标准、工程数量与概预算指标等各方面的控制。

实行限额设计有两个误区,具体如图3-39所示。

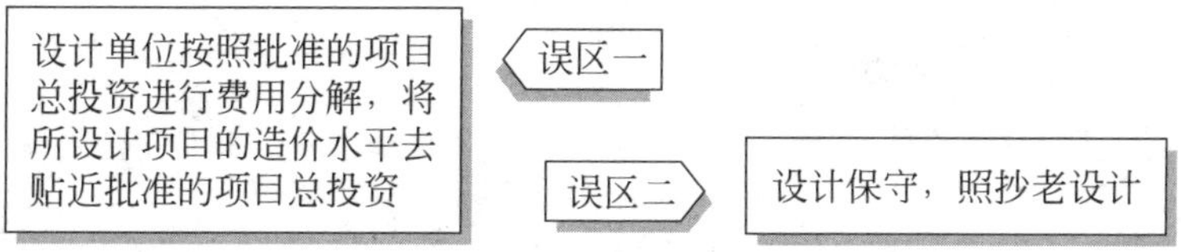

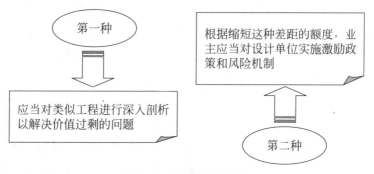

图 3-39 实行限额设计的两个误区

大量事实证明,传统的投资定额、计价依据、估算深度、决策者的知识和经验的局限性以及设计单位自身利益的影响,使限额设计与真正的优化设计有相当大的距离,缩短差距的措施如图3-40所示。

图 3-40 缩短差距的措施

(4)推广标准设计。标准化设计是建设工程标准化的组成部分,各种工程建设的构成、配件、零部件、通用的建筑物、公用设施等,只要有条件的都应该实施标准化设计。

广泛采用标准化设计,可以节省设计力量,缩短设计周期,加快设计图纸的提供速度,可以提高劳动生产率,加快工程建设进度。

第四章

工程招投标管理

第一节　招标投标概述
第二节　工程监理招标管理
第三节　工程勘察设计招标管理
第四节　工程施工招标管理

工作指引

进行建设项目招标投标是将建筑市场引入竞争机制,用以体现价值规律的一种方式,是实现科学化、现代化项目管理,推进管理创新的重要环节。建设工程招标投标的目的是确保工程质量、缩短建设工期、节约建设资金、提高投资效益。

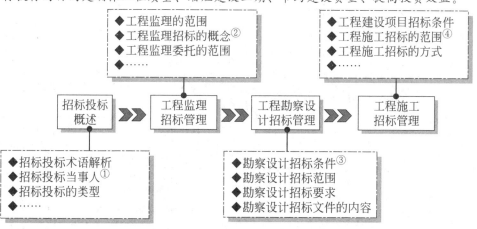

【图示说明】

① 招标人是指依照招标投标的法律、法规提出招标项目、进行招标的法人或者其他组织;投标人是指响应招标、参加投标竞争的法人或者其他组织;招标代理机构是指依法设立,从事招标代理业务并提供相关服务的社会中介组织。

② 建设工程监理招标是指招标人为了完成委托监理任务,以法定方式吸引监理单位参加竞争招标,从中选择条件优越者的法律行为。建设工程监理招标的方式分为公开招标和邀请招标两种。

③ 根据《工程建设项目勘察设计招标投标办法》第九条的规定,依法必须进行勘察设计招标的工程建设项目,在招标时应当具备如下条件:按照国家有关规定需要履行项目审批手续的,已履行审批手续,取得批准;勘察设计所需资金已经落实;所必需的勘察设计基础资料已经收集完成;法律法规规定的其他条件。

④ 工程施工招标分为公开招标和邀请招标。依法必须进行公开招标的项目,有下列情形之一的,可以邀请招标:项目技术复杂或有特殊要求,或者受自然地域环境限制,只有少量潜在投标人可供选择;涉及国家安全、国家秘密或者抢险救灾,适宜招标但不宜公开招标;采用公开招标方式的费用占项目合同金额的比例过大。

第一节 招标投标概述

建筑工程招投标是指以建筑产品作为商品进行交换的一种交易形式,它由唯一的买主设定标的,招请若干个卖主通过秘密报价进行竞争,买主从中选择优胜者并与之达成交易协议,随后按照协议实现招标。

一、招标投标术语解析

招标投标术语的具体说明见表 4-1。

表 4-1 招标投标术语解析

序号	术语	具体说明
1	招标	招标是指招标人通过招标公告或投标邀请书等形式,招请具有法定条件和具有承建能力的投标人参与投标竞争
2	投标	投标是指经资格审查合格的投标人,按招标文件的规定填写投标文件,按招标条件编制投标报价,在招标文件限定的时间送达招标单位
3	开标	开标是指到了投标人提交投标文件的截止时间,招标人(或招标代理机构)依据招标文件和招标公告规定的时间和地点,在有投标人和监督机构代表出席的情况下,当众公开开启投标人提交的投标文件,公开宣布投标人名称、投标价格及投标文件中的有关主要内容的过程
4	评标	评标是指招标人依法组建的评标委员会按照招标文件规定的评标标准和方法,对投标文件进行审查、评审和比较,提出书面评标报告,推荐合格的 1~3 名中标候选人
5	中标	中标是指招标人根据评标委员会提出的书面评标报告,在推荐的中标候选人中确定中标人的过程
6	签订合同	签订合同是指中标通知书发出后 30 天之内,招标人与中标人就招标文件和投标文件中存在的问题进行谈判,并签订合同

二、招标投标当事人

招标投标当事人的具体说明如图 4-1 所示。

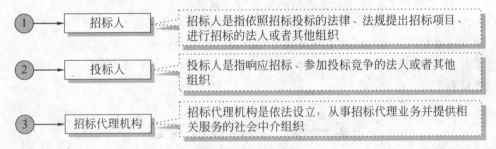

图 4-1 招标投标当事人

三、招标投标的类型

招标投标分为货物招标投标、工程招标投标、服务招标投标三种类型，具体如图4-2所示。

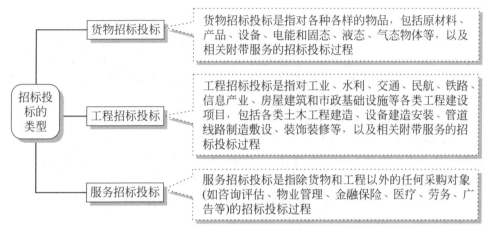

图4-2 招标投标的类型

四、建筑工程招标投标的原则

建筑工程招标是指建筑单位（业主）就拟建的工程发布通告，用法定方式吸引建筑项目的承包单位参加竞争，进而通过法定程序从中选择条件优越者来完成工程建筑任务的一种法律行为。

建筑工程投标是指经过特定审查而获得投标资格的建筑项目承包单位，按照招标文件的要求，在规定的时间内向招标单位填报投标书，争取中标的法律行为。

建筑工程招标投标需遵循如图4-3所示的原则。

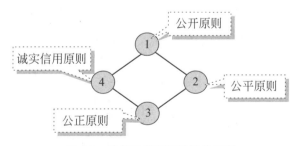

图4-3 建筑工程招标投标的原则

1. 公开原则

招标投标法的公开原则主要是要求招标活动的信息要公开。采用公开招标方式，应当发布招标公告，依法必须进行招标的项目的招标公告，必须通过国家指定的报刊、信息网络或者其他公共媒体发布。无论是资格预审公告、招标公告，还是招标邀请书，都应当载明能大体满足潜在投标人决定是否参加投标竞争所需要的信息。另外开标的程序、评标的标准和程序、中标的结果等应当公开。

2. 公平原则

招标投标法的公平原则，要求招标人严格按照规定的条件和程序办事，同等地对待每一个投标竞争者，不得对不同的投标竞争者采取不同的标准，招标人不得以任何方式限制或者排斥本地区、本系统以外的法人或者其他组织参加投标。

3. 公正原则

在招标投标过程中，招标人应对所有的投标竞争者平等对待，不能有特殊，特别是在评标时，评标标准应当明确、程序应当严格，对所有在投标截止日期以后送达的投标书都应拒收，与投标人有利害关系的人员都不得作为评标委员会的成员，招标投标双方在招标投标过程中的地位平等，任何一方不得向另一方提出不合理的要求，不得将自己的意志强加给对方。

4. 诚实信用原则

诚实信用原则是市场经济的前提，也是订立合同的基本原则之一，并有"帝王条款"之称，违反诚实信用原则的行为是无效的，且应对由此造成的损失和损害承担责任。招标投标是以订立合同为最终目的，诚实信用是订立合同的前提和保证。

五、招标方式

《中华人民共和国招标投标法》明确规定招标分为公开招标和邀请招标两种方式，取消了议标这种招标方式，具体如图 4-4 所示。

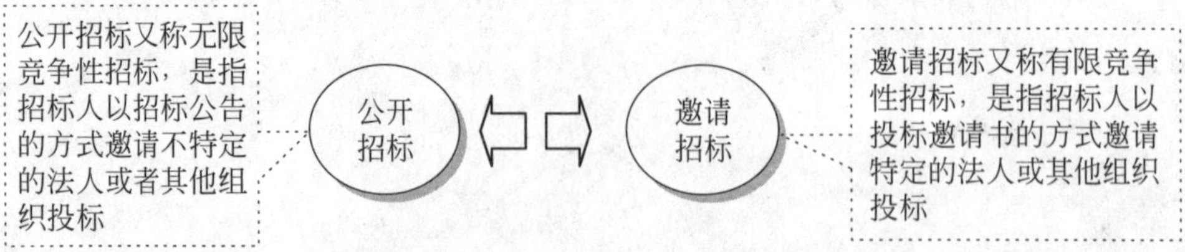

公开招标又称无限竞争性招标，是指招标人以招标公告的方式邀请不特定的法人或者其他组织投标

公开招标 ⇌ 邀请招标

邀请招标又称有限竞争性招标，是指招标人以投标邀请书的方式邀请特定的法人或其他组织投标

图 4-4 招标方式

六、项目工程招标的范围

根据《工程建设项目招标范围和规模标准规定》第七条的规定，在第二条至

第六条规定范围内的各类工程建设项目，包括项目的勘察、设计、施工、监理以及与工程建设有关的重要设备、材料等的采购，达到如图4-5所示的标准之一的，必须进行招标。

范围一	施工单项合同估算价在200万元人民币以上的
范围二	重要设备、材料等货物的采购，单项合同估算价在100万元人民币以上的
范围三	勘察、设计、监理等服务的采购，单项合同估算价在50万元人民币以上的
范围四	单项合同估算价低于以上范围一、范围二、范围三规定的标准，但项目总投资额在3000万元人民币以上的

图 4-5　项目工程招标的范围

其中，商品住宅，包括经济适用住房属于该规定第三条的关系社会公共利益、公众安全的公用事业项目。

根据《工程建设项目招标范围和规模标准规定》第八条的规定，在建设项目的勘察、设计，采用特定专利或者专有技术的，或者其建筑艺术造型有特殊要求的，经项目主管部门批准，可以不进行招标。

七、招标代理机构的选择

对于不具有编制招标文件和组织评标能力的房地产开发商，必须选择招标代理机构进行委托招标。当然，现在许多具有编制招标文件和组织评标能力的房地产开发商，也喜欢选择招标代理机构进行委托招标。

招标代理机构是招标人委托的代理招标人来组织招标投标活动的中介机构，是在招标投标活动中具体办理有关事宜的中介组织，是有关行政部门颁发资格证的机构，也是执行国家招标投标法的主体。

房地产开发企业要选择正规的，资质、信誉都较好的招标代理机构，以保证自己的合法权益。

第二节　工程监理招标管理

实行建设工程监理制度，目的在于提高工程建设的投资效益和社会效益。建设工程监理制度是我国基本建设领域的一项重要制度。

一、工程监理的范围

根据建设部颁发的《建设工程监理范围和规模标准规定》，如图4-6所示的工程必须实施建设监理。

范围一	国家重点建设工程
范围二	大中型公用事业工程
范围三	成片开发建设的住宅小区工程
范围四	利用外国政府或者国际组织贷款、援助资金的工程
范围五	国家规定必须实行监理的其他工程

图 4-6　工程监理的范围

《工程建设项目招标范围和规模标准规定》要求，监理单位监理的单项合同估算价在 50 万元人民币以上的，或单项合同估算价低于规定的标准，但项目总投资额在 3000 万元人民币以上的项目必须进行监理招标。

二、工程监理招标的概念

建设工程监理招标是指招标人为了完成委托监理任务，以法定方式吸引监理单位参加竞争招标，从中选择条件优越者的法律行为。

建设监理的工作内容非常广泛，覆盖项目建设的全过程，因此选择监理单位前，应首先确定委托监理的工作内容和范围。既可以将整个建设过程委托一个单位来完成，也可以按不同阶段的工作内容或不同合同的内容分别交予几家监理单位完成。建设工程监理招标的方式分为如图 4-7 所示的两种。

| 方式一 | 公开招标 |
| | 公开招标，又叫竞争性招标，即由招标人在报刊、电子网络或其他媒体上刊登招标公告，吸引众多企业单位参加投标竞争，招标人从中择优选择中标单位的招标方式 |

| 方式二 | 邀请招标 |
| | 邀请招标，也称为有限竞争招标，是一种由招标人选择若干供应商或承包商，向其发出投标邀请，由被邀请的供应商、承包商投标竞争，从中选定中标者的招标方式 |

图 4-7　建设工程监理招标的方式

三、工程监理委托的范围

工程监理委托的范围可以是整个工程项目的全过程，也可以分段，考虑因素主要有如图 4-8 所示的 3 个方面。

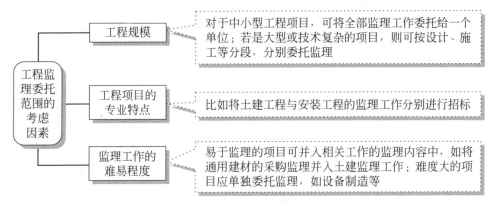

图 4-8　工程监理委托范围的考虑因素

四、监理资格预审

监理资格预审的目的是对邀请的监理单位的资质、能力是否与拟实施项目的特点相适应的总体考察，而不是评定该项目监理工作的建议是否适用、可行。因此，资格审查的重点应侧重于投标人的资质条件、监理经验、可用资源、社会信誉、监理能力等方面，具体如图 4-9 所示。

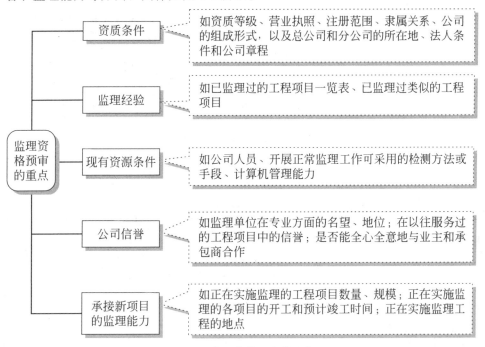

图 4-9　监理资格预审的重点

五、监理招标文件的内容

监理招标文件应当能够指导投标人提出实施监理工作的方案建议,具体内容与施工招标文件大体相同。主要内容如图 4-10 所示。

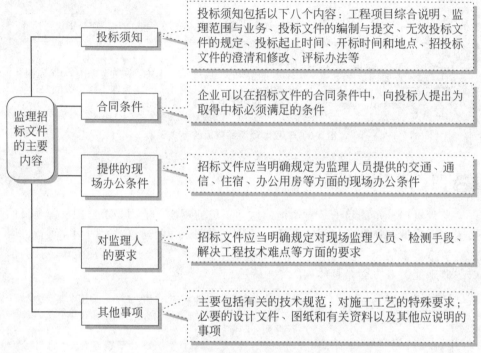

图 4-10 监理招标文件的主要内容

下面提供一份××项目工程施工监理投标须知的范本,供读者参考。

【实战范本】××项目工程施工监理投标须知

××项目工程施工监理投标须知

投标须知前附表

序号	内容规定
1	工程概况:××项目,总规划建筑面积约 43.02 万平方米,主要建筑类型为高层框剪结构住宅,单层地下室,一期建筑为 8 栋高层、1 栋商业楼及配套的市政、园林工程等 建设单位:××房地产开发有限公司 建设地点:××市××区 监理服务期:××年

续表

序号	内容规定
2	委托监理范围：××项目所有施工图纸（人防除外）范围的工作内容，包括前期回填、土建、给排水、消防、强弱电等专业管网安装，市政工程、园林工程等施工全过程的监理，依法实施工程质量监控、进度控制、投资控制、安全控制、合同管理
3	监理服务期限：××项目的施工准备阶段、施工阶段、缺陷责任期
4	工程质量要求：合格工程
5	资质要求： (1)具有独立的法人资格，营业执照经年检有效 (2)具有建设行政主管部门颁发的房屋建筑工程监理甲级资质 (3)拟委任的总监理工程师应具有国家注册监理工程师（建筑工程专业）岗位证书，并具有建筑工程专业或工民建专业工程师或以上技术职称，60周岁以下，至少有1个类似工程项目监理经验 (4)企业财务状况良好 (5)拟任职本项目的主要管理人员均为注册在本单位的正式员工 (6)企业至少有1个面积10万平方米以上高层建筑项目监理经验（如果总监在当前注册公司有类似工程经验，可同时视为企业具有一个类似工程经验，如果总监在当前注册公司没有类似经验，则公司需另外提供一个类似工程经验证明）
6	资金来源：自筹
7	投标有效期：投标截止日后30日内有效
8	投标保证金：_____ 开户单位：_____ 开户行：_____ 账　　号：_____
9	投标文件分为商务标文件、技术标文件两部分 商务标文件：一式二份，正本一份、副本一份 技术标：一式二份，不分正副本 以上投标文件均单独装订成册，单独密封
10	投标截止时间：××××年××月××日12:00 投标文件递交：××房地产开发有限公司办公室
11	开标及评标：本次监理招标不公开唱标，由招标人自行组织评标小组进行评标 中标原则：综合评审得分最高者为第一中标候选人，依此类推
12	类似工程标准：近5年内完成的已竣工验收合格的至少有1个面积10万平方米以上高层建筑项目监理经验
13	如有疑问请通过以下联系方式与招标方联系 招　标　人：××房地产开发有限公司 联系人：_____　　联系电话：_____
14	本招标文件售价每份人民币500元整，售后不退

一、总则

（一）监理概况

1. 监理服务范围

××一期项目所有施工图纸（人防除外）范围的工作内容，包括前期回填、土建、给排水、消防、强弱电等专业管网安装、市政工程、园林工程等施工全过程的监理，依法实施工程质量监控、进度控制、投资控制、安全控制、合同管理（具体建筑面积以政府审批的为准）。

2. 监理服务内容

（1）协助发包人组织对施工图纸的审查。

（2）熟悉设计文件材料内容，检查设计文件材料（包括设计说明、施工措施、技术要求、设计修改通知等）是否符合原审批意见，以及是否符合勘测设计合同规定。

（3）协助发包人核查设计文件材料和各项设计变更，提出意见与优化建议。

（4）协助发包人落实必须提供的施工条件，检查第三方开工准备工作。

（5）协助发包人审核第三方提交的施工组织设计、施工技术措施计划、作业指导书、施工工艺、临建工程设计以及使用的主要材料的质量、用量等。

（6）督促施工单位建立健全各项施工管理制度，并监督其实施。

（7）组织施工图会审。

（8）工程进度管理：协助发包人编制工程控制性进度计划，提出工程控制性进度目标，并以此为基础审查批准第三方提出的施工实施进度计划，检查其实施情况；督促第三方采取切实措施实现监理合同目标要求，当实施进度发生较大偏差时，及时向发包人提出调整控制性进度计划的建议意见并在发包人批准后调整。

（9）施工质量控制：审查第三方的质量保证体系和措施，核实质量文件材料；依据工程建设监理合同文件材料、设计文件材料、技术规范与质量检验标准，对施工前准备工作进行检查，对施工工序与资源投入进行检查、签证和施工质量评价；重要程序要督促施工单位制定预控措施并监督实施，对施工中出现的威胁安全或影响质量的重大问题，及时提出"暂缓施工"通知，并制定处理措施；协助发包人组织质量事故调查、分类评定质量事故等级、审批质量事故处理措施。为了实现本工程项目施工质量要求达到国家规定标准，争创省优质工程的工程质量目标，根据合同所规定的工程监理项目，监理人应作好施工过程中重点工序的旁站监理工作，以保证工程质量始终处于受控状态。

（10）工程造价管理：协助、配合审计部门进行造价管理。

（11）施工安全监督：审查施工安全措施、劳动防护和环境保护措施等，并负责检查、督促落实执行；参加重大安全事故调查并提出处理意见；协助发包人做好现场施工平面管理，监督检查安全文明施工，书面提出存在问题及整改意见。

（12）协助发包人组织召开工程调度协调会，做好监理合同授权范围内的参建各方协调工作，编发施工协调会会议纪要。

（13）协助发包人进行工程各阶段、单位工程、分部工程以及分项工程的验收，并及时提交相应的工程建设监理报告。

（14）信息管理：及时做好现场监理记录与信息反馈；参与编制工程项目总结报告。

（15）参与审查工程项目竣工文件材料以及其他相关工作。

（16）监理文件材料整理：编制整理监理服务的各种文件、通知、记录、检测文件材料、图纸等，监理服务合同完成或终止时移交给发包人。

（17）定期上报信息文件材料。根据监理工程项目、范围及内容，随工程施工进展向发包人报送监理周报和月报，主要内容如下。

——工程形象进度。

——施工质量和安全情况。

——进场施工机具设备及劳动力状况。

——设备供货和图纸交付情况。

——监理合同变更和工程变更情况。

——监理服务情况。

——工程建设大事记。

——其他。

监理人应将有关工程项目的数据文件材料提供给发包人共享。

3. 根据监理服务进展情况的不定期报告

（1）关于工程优化设计、变更和施工进展的建议。

（2）资金、资源投入及合理配置的建议。

（3）发包人合理要求提交的其他报告。

（4）工程阶段验收、竣工验收监理服务报告。

4. 监理服务过程文件材料

（1）施工措施计划批复文件材料。

（2）施工进度调整批复文件材料。

（3）监理服务协调会议纪要文件材料。

（4）其他监理服务往来文件材料。

（5）质量事故处理文件材料。

5. 监理服务文件材料整理

（1）监理服务文件材料是监理人在工程项目实施过程中直接形成的各种原始

记录，具有保存价值。

（2）监理服务文件材料除上述条款第4条外，还应包括以下内容：施工组织设计报审表、工程开工报审表、工程施工进度计划（调整计划）报审表、成品和半成品供应单位资质报审表、安装材料报审表、复工申请表、工程变更费用申请表、延长工期报审表、整改复查报审表、技术核定报审表、工程质量问题（事故报告单）、工程质量事故处理方案报审表、工程报验单、施工备忘录、工程停工通知单、监理备忘录、监理通知单、会议记录、专题报告、实测项目检查记录表、外观项目评分表、质量保证资料检查记录表、监理日记、监理月报、工程初验报告、工程质量评估报告。

（3）监理人应设专人收集管理监理文件材料，按发包人提供的工程项目基建档案编制规定对文件材料进行整理组卷，并在规定时间内向发包人移交。

（二）投标单位条件

1. 监理单位资质及要求

具有建设行政主管部门颁发的房屋建筑工程监理甲级资质，持有工商行政管理部门核发的营业执照并取得独立法人资格的监理单位。

2. 拟派驻的总监资质要求及其他要求

拟委任的总监理工程师应具有国家注册监理工程师（建筑工程专业）岗位证书，并具有建筑工程专业或工民建专业工程师或以上技术职称，60周岁以下，从事监理工作5年以上（不含5年），近五年至少有1个类似工程监理经验。

3. 监理机构人员配备要求

监理单位派驻到现场的主要监理人员（含总监）人数应符合下表要求。

监理机构人员配备

岗位	人员要求	持证上岗要求	职称专业	说明
总监工程师	1名	全国注册监理工程师	建筑工程或工民建	主要监理人员必须都具有中级以上职称，其中高级职称要占主要监理人员人数的30%以上，即2人以上
土建监理工程师	2名	注册监理工程师	建筑工程或工民建	
测量监理工程师	1名	注册监理工程师	建筑工程或工民建	
水电监理工程师	1名	注册监理工程师	建筑电气或给排水	
设备监理工程师	1名	注册监理工程师	设备安装相关专业	
监理员	若干	监理员培训证		辅助人员

注：表中所列人员配置为最低限度要求，投标单位可以根据工程特征和自身条件自行配备，但不得低于本表要求；拟任职本项目的主要管理人员（指监理工程师）必须为本单位正式员工，身体健康，年龄不得超过60周岁。

（三）投标费用

投标单位应承担其编制投标文件以及递交投标文件所涉及的一切费用，无论投标结果如何，招标单位对上述费用不负任何责任。

（四）现场考察及答疑

（1）投标人可对工程现场和周围环境进行考察，以获取需投标人负责的有关投标准备和签署合同所需的材料，考察现场的费用由投标人自负。招标单位对投标人进行的现场考察给予必要的协助和配合。

（2）投标单位需要招标单位解答的问题，对招标文件有疑问需要澄清的，应当以书面形式向招标人提出。

二、招标文件内容、澄清及修改

（一）招标文件的组成

（1）招标文件包括本文件及所有按下面第（三）条发出的修改澄清通知。

（2）投标人应认真审阅招标文件所有的内容，如果投标人的投标文件不能实质性地响应招标文件要求，将按废标处理。

（二）招标文件的澄清

（1）要求澄清招标文件的投标人，最迟应在投标截止日期前15天以书面或传真的方式向招标单位提出要求澄清的问题。招标单位在不迟于投标截止日前10天以书面形式予以解答，此书面答复（包括对询问的解释，但不说明询问来源）将以补充书面形式发送所有投标人，由此而产生的对招标文件内容的修改，将以修改通知的方式发出。

（2）投标单位对招标单位提供的招标文件所做的推证、解释和结论，招标单位概不负责，投标单位由于对招标文件的任何推证和误解以及招标单位对有关问题的口头解释所造成的后果，均由投标单位自负。投标单位应认真检查招标文件是否齐全，如有遗漏，请在获取招标文件后3日内书面向招标单位索取，否则责任自负。

（三）招标文件的修改

（1）在投标截止日期10天前，招标人都可能会以书面通知的方式修改招标文件，修改通知作为招标文件的组成部分，对投标人具有同等约束作用。

（2）投标人在收到招标文件修改通知后应立即以传真方式告知招标人予以确认。

（3）为使投标人有合理的时间将修改通知内容考虑进去，招标人可以酌情延长递交投标文件的截止日期，具体时间将在修改通知中写明。当投标文件、修改通知内容相互矛盾时，以最后发出的通知为准。

三、投标报价

（1）本工程建设监理费报价，采用综合单价包干承包方式，建筑面积按最终政府审批的计容面积为计算依据（监理费总价＝综合单价×建筑面积）。综合单价包含人工费、生活费、办公费、交通费、通信费、设备（仪器）费、管理费、利润、税金、风险等一切为了完成本项目监理的所有费用。

（2）投标人应根据本招标文件及招标人所提供的资料规定的监理范围、监理工期、监理内容及要求，根据现场踏勘的具体情况，结合自身管理经验、技术水平和监理能力、监理力量的投入进行投标报价。

（3）道路、管网、园林绿化等基础配套工程及监理服务范围内的所有监理费均包含在综合单价中。

（4）招标人只负责解决现场办公用房，其他一切费用由中标人自理。

（5）综合单价固定包干，不因任何原因进行调整。

四、投标文件

（一）投标文件应包括的各项内容

投标文件包括商务文件和监理大纲（技术标）两部分组成。

1. 商务文件

（1）投标函（加盖法人单位和法人代表印鉴）。

（2）投标报价书及监理费用组成（加盖法人单位和法人代表印鉴）。

（3）法人资格证明书和法人授权委托书（如果授权）。

（4）法人代表对总监理工程师任命书。

（5）投标保证金（收据复印件）。

（6）投标人情况介绍。

——企业简介。

——企业监理资质证书复印件。

——营业执照复印件。

——组织机构代码证复印件。

——ISO体系认证证书复印件。

——投标人诚信等级证明（有效期内的）复印件。

——开标前6个月内投标人的不良行为记录，24个月内投标人总监理工程师、专业监理工程师的不良行为记录情况。

（7）拟配备现场监理人员一览表（姓名、年龄、性别、专业、职称、执业资格证或上岗培训证、拟担任的职务等）。

（8）总监理工程师个人简历（附执业资格证书、职称证书、类似工作经验、证明材料）。

（9）各专业监理工程师及监理员个人简历（附执业资格证书、职称证书、类似工作经验、证明材料）。

（10）用于本工程的检测设备、仪器一览表或委托有关单位进行检测的协议、通信、信息设备、交通工具等。

(11) 近三年来监理工程一览表。

(12) 近五年类似工程监理经验，附监理合同或监理手册复印件（开标时提供原件备查）。

投标人提供的所有证件、证明材料的复印件，待初步确定中标人时按招标人要求必须提供原件，否则复印件无效。

2. 监理大纲（技术标）

(1) 监理目标、范围和任务。

(2) 监理组织。

(3) 监理计划和方案。

(4) 监理程序和监理工作流程。

(5) 监理措施。

(6) 对本工程的其他建议、要求。

(二) 表式

投标人应当使用本招标文件提供的投标文件表式，表式可以按同样格式进行扩展。

(三) 投标保证金

(1) 投标保证金交纳方式：只接受银行转账，转账必须是从投标单位基本账户转出，如投标人未按上述要求交纳而产生的不良后果由投标人自负。

(2) 投标保证金金额：按投标须知前附表第 8 项规定金额在开标前交纳。

(3) 投标人应当按照招标文件的方式和金额，在规定时间内将投标保证金提交至指定账户。

(4) 对于未能按要求提交投标保证金的投标书，将被视为不合格而予以拒绝。

(5) 未中标投标人保证金在发出中标通知书后 5 天内无息退还。

(6) 中标人的投标保证金在签订合同后 5 天内无息退还。

(7) 中标人不与招标人订立合同的，投标保证金不予退还并取消其中标资格。

(四) 投标文件的份数和签署

(1) 投标人应按本招标文件的规定制作、装订、递交投标文件。商务标装订成一册，一式二份，其中一份正本、一份副本，单独装订成册。当正本与副本有不一致时，以正本为准。

(2) 监理大纲（技术标）为明标，单独装订成册，一式三份，不分正副本。

(3) 投标文件均应使用 A4 纸统一装订，且均应使用不能擦去的墨水书写或打印，按要求由投标人加盖公章和法定代表人或法定代表人委托的代理人印鉴或签字。

（4）全套投标文件应无修改或行间插字，除非这些修改是根据"招标文件修改通知"的要求进行的，或者是投标人明显笔误必须修改的。不论何种原因造成的涂改、插字和删除，都应由投标文件签署人加盖印鉴。

五、投标文件的递交

（一）投标文件的密封与标志

投标文件应将商务标文件密封为一袋，技术标文件密封为一袋，并在密封袋上写明项目名称、招标人名称、投标人名称，并在密封袋封口处加盖投标单位公章和法人代表印鉴。

（二）投标截止时间

（1）投标人应在投标须知中规定的投标截止时间之前将投标文件递交到指定地点。招标人在接到投标文件时将在投标文件上注明收到的日期和时间。

（2）招标人可以按本文件"招标文件的修改"规定以修改通知的方式，酌情延长递交投标文件的截止时间。在上述情况下，招标人与投标人以前的投标截止期方面的全部权力、责任和义务，将适用于延长后新的投标截止时间。

（3）超过投标截止时间送达的投标文件将被拒绝接收。

（三）投标文件的修改与撤回

（1）投标人可以在递交投标文件以后，在规定的投标截止时间之前，以书面形式向招标人递交修改或撤回其投标文件的通知。在投标截止时间以后，不得更改投标文件。

（2）投标人的修改或撤回通知，应按本文件规定的要求编制、密封、标志和递交（密封袋上应标明"修改"或"撤回"字样）。

（3）投标截止以后，在投标有效期内，投标人不得撤回投标文件，否则其投标保证金将被没收。

六、开标、评标、定标

（1）开标：在接受投标书的截止时间后，由公司招标小组主持统一开标，本招标项目采用公司内部开标，不公开唱标。

（2）评标及定标原则：综合评审得分最高者确定为第一中标候选人（招标人保留对选择任何中标人的权利）。

七、授予合同

1. 中标通知

（1）在投标有效期内，中标单位应在接到中标通知7天内与招标人签订合同。

（2）在中标人与招标人签订了合同协议书后，招标人将电话通知所有未中标投标人，但所有投标文件不予退还。

2. 合同协议书的签署

(1) 招标人与中标人将根据《中华人民共和国合同法》的规定，依据招标文件和投标文件签订监理合同。

(2) 招标文件、投标文件及澄清文件的记录和中标人在询标时的承诺等均作为合同不可侵害的组成部分。

(3) 如果中标人不按招标文件要求和投标文件承诺内容签订合同，招标人将有充分理由废除授标，并没收其投标保证金，另行确定中标人。

第三节　工程勘察设计招标管理

勘察设计是工程建设的重要环节，勘察设计的好坏不仅影响建设工程的投资效益和质量安全，其技术水平和指导思想对城市建设的发展也会产生重大影响。

一、勘察设计招标条件

根据《工程建设项目勘察设计招标投标办法》第九条的规定，依法必须进行勘察设计招标的工程建设项目，在招标时应当具备如图 4-11 所示的条件。

条件一	按照国家有关规定需要履行项目审批手续的，已履行审批手续，取得批准
条件二	勘察设计所需资金已经落实
条件三	所必需的勘察设计基础资料已经收集完成；法律法规规定的其他条件

图 4-11　工程建设项目勘察设计招标条件

二、勘察设计招标范围

按照国家规定需要履行项目审批、核准手续的依法必须进行招标的项目，有下列情形之一的，经项目审批、核准部门审批、核准，项目的勘察设计可以不进行招标。

(1) 涉及国家安全、国家秘密、抢险救灾或者属于利用扶贫资金实行以工代赈、需要使用农民工等特殊情况，不适宜进行招标。

(2) 主要工艺、技术采用不可替代的专利或者专有技术，或者其建筑艺术造型有特殊要求。

(3) 采购人依法能够自行勘察、设计。

(4) 已通过招标方式选定的特许经营项目投资人依法能够自行勘察、设计。

(5) 技术复杂或专业性强，能够满足条件的勘察设计单位少于三家，不能形成有效竞争。

（6）已建成项目需要改、扩建或者技术改造，由其他单位进行设计影响项目功能配套性。

（7）国家规定的其他特殊情形。

三、勘察设计招标要求

招标人可以依据工程建设项目的不同特点，实行勘察设计一次性总体招标，也可以在保证项目完整性、连续性的前提下，按照技术要求实行分段或分项招标。

依法必须进行勘察设计招标的工程建设项目，在招标时应当具备如图4-12所示的条件。

条件一	招标人已经依法成立
条件二	按照国家有关规定需要履行项目审批、核准或者备案手续的，已经审批、核准或者备案
条件三	勘察设计有相应资金或者资金来源已经落实
条件四	所必需的勘察设计基础资料已经收集完成
条件五	法律法规规定的其他条件

图4-12　勘察设计招标的工程项目应具备的条件

四、勘察设计招标文件的内容

招标人应当根据招标项目的特点和需要编制招标文件。勘察设计招标文件应当包括如图4-13所示的内容。

图4-13　勘察设计招标文件应包括的内容

投标有效期,是招标文件中规定的投标文件有效期,从提交投标文件截止日起计算。对招标文件的收费应仅限于补偿编制及印刷方面的成本支出,招标人不得通过出售招标文件谋取利益。

下面提供一份××房地产企业××项目地质勘探工程招标文件的范本,供读者参考。

【实战范本】××房地产企业××项目地质勘探工程招标

××房地产企业××项目地质勘探工程招标

一、工程概况

(1) 工程名称:××工程地质勘探。

(2) 建设地点:××路以东,××路以北。

(3) 占地面积:项目占地面积约6.53万平方米。

(4) 资金来源:自筹已到位。

(5) 场地情况:三通一平已完成,具备勘探条件。

二、投标须知

(一) 工程发包范围

本项目红线范围内的全部岩土工程详细勘探。

(二) 投标人须提交的资料内容

(1) 法人代表授权书原件。

(2) 经年检有效的营业执照副本、资质证书副本复印件(加盖公章)。

(3) 投标报价书。

(4) 其他投标文件(包括业绩、荣誉等)。

(三) 投标文件的编制

(1) 投标文件的语言及计量单位。

(2) 投标文件和与投标有关的所有文件均应使用中文简体汉字。

(3) 除工程规范另有规定外,投标文件使用的计量单位,均采用中华人民共和国法定计量单位。

(4) 投标文件的组成包括下列内容(复印件需加盖公章)。

——投标函。

——投标报价表。

——法定代表人代码证明书或机构代码证书复印件。

——授权委托书。

——投标单位基本情况表。

——营业执照、企业资质等级证书(副本)。

——项目技术负责人职称证书。

——近三年所承探类似工程情况一览表。

——目前在探工程一览表。
——其他资料。

（四）勘探要求

满足设计要求及钻孔平面布置图要求，并作出详细准确的勘探记录（进入持力层不少于五米）。

（五）工期及质量要求

（1）本工程开工时间由甲方拟订，各投标单位根据自身实力确定议标工期，未报者为废标，中标单位的投标工期即为合同工期。

（2）本工程提交的勘探成果资料必须满足《工程建设标准强制性条文》及《岩土工程勘探规范》的要求，并通过工程建设施工图审查中心的审查，否则所造成的补勘、延误工期均由勘探单位承担并负责赔偿。

（六）招标方式

本工程采用议标的方式择优选择施工单位，参加本工程投标的一切费用不论投标结果如何，均由投标单位自理。

（七）承包方式和投标报价

（1）本工程包含但不限于按照规范要求须做岩土工程勘察工作的一切费用，包括钻探、标准贯入试验、入岩、取样、岩石抗压实验、土工实验、孔位测量、设备进退场费、技术工作费用，以及合理利润、税金等一切该项目有关的费用，勘察单位负责自行解决用水用电问题，且费用自理，住宿自理。实行包工包料、包工期、包质量、包造价、包安全文明施工的勘探总承包。

（2）投标单位以本招标书、红线范围内勘察要求、建筑物勘探点平面布置图、工程地质勘查任务书、施工方案、现行勘探收费标准及市场行情为依据，结合各投标单位经济实力，给予优惠后确定每米最低合理投标报价。

（3）各投标单位应认真阅读招标书的全部文件，中标后若发现报价失误导致中标的勘探任务风险均不允许另行调整。

（八）工程踏勘和招标答疑

本工程定于××××年××月××日下午15:00在××房地产开发有限公司××工程项目办公室领取招标书和相关资料。投标单位领取招标文件后现场踏勘，对于阅读招标书后不明确的问题，招标单位将答复资料汇总整理成书面材料于××月××日前进行答复或反馈给各投标单位。

（九）投标纪律

（1）投标单位不得串通抬价或压低标价，否则取消其投标资格。

（2）投标单位不得对招标单位评标人员施加任何影响，否则取消其投标资格。

（3）投标书中的一切证明、证件必须真实可靠。

（4）投标单位不接受招标文件要约，议标可不参加，但必须在投标截止日前三天作出书面声明，并退回全部招标文件。

（5）投标单位法人或其委任代理人参加本工程投标的一切活动，必须出具其合法的资格证书或授权资格证书。

（十）投标书编制与投递

（1）投标单位必须按招标文件的要求及相关资料认真编制投标书，字迹清楚，在投标函凡有接缝处必须加盖封条，并在骑缝处加盖投标单位公章和法人的印章。标书一式两份，正本一份，副本一份。各投标单位的标书密封后由专人于××××年××月××日15：00时前送达××房地产开发有限公司工程部签收，招标时间届满后，由招标单位统一封存，开标前不得启封，逾期送达的，招标单位拒收，其标书视为无效投标书。

（2）投标书还应具备以下内容。

——综合说明：包括工程名称、报价、工期、工程质量承诺等。

——施工组织设计：包括质量、进度、安全等。

——中标单位实施勘察任务的技术负责人必须持相关证件并有类似工程经历，能胜任本工程需要，并不得在勘察工作中更换。

——上年度工程业绩情况及安全生产情况。

——对招标书条款的确认与不接受内容的声明。

（3）有下列情况之一者，投标文件无效。

——逾期送达标书的。

——投标书未同时盖投标单位公章和法人印章的。

——同一标书中有两个或两个以上报价的，且又未声明哪一个是有效的最终报价的。

（十一）开标、议标、定标

（1）招标单位自行组织开标，各投标单位无需派人参加。

（2）评标原则：坚持公开、公正、公平的原则。

（3）评标定标办法：招标方根据投标方的报价、工期、技术保证措施、合理化建议、资质信誉、以往业绩等综合考虑确定两家单位入选。

（4）本工程开标后招标单位召集入选单位议标议价及合同洽谈，招标方根据洽谈结果确定中标方，招标方无义务向非中标方解释落标原因。

（十二）其他说明

（1）勘探施工用水、用电由中标单位自行解决。

（2）工程勘探完工验收并办理相关手续后，中标单位施工人员、设备、材料必须在2天内撤离施工现场。

三、合同条款

（1）本工程招标书和中标单位的投标书是甲、乙双方签订工程承发包合同的基础和依据。中标单位应于中标通知书接到之日起3天内按中标报价、招标文件和中标文件的内容，与招标单位签订施工合同。

（2）国家工商局和建设部颁布的《岩土工程勘探施工合同》的合同条款是签

订合同的基础条款。

（3）签订工程承包合同时，中标单位如不愿承担投标书承诺，招标单位有权取消其中标资格，并要求中标单位赔偿一切损失。

（4）工程结算及付款方式。

——本工程以招标文件、中标单位标书承诺、勘探合同、建设方现场代表的合法签证为结算依据，孔位及钻孔深度需经发包人派驻现场人员签字验收。

——工程款拨付：按时提供达到要求的勘探成果资料并通过施工图审查中心审查，办完结算手续开具正式发票付至工程总价款的90%；留10%的质保金，待基础验收一年后无息退还。

（5）各投标单位应熟悉施工现场及周边环境、地形、地貌、供水、供电、道路等情况，中标后不得以任何理由而提出增加经费或工期拖延的额外要求，否则，建设方有权单方取消中标单位资格，双方签订的合同自行终止。

四、其他

（1）本次投标中标后，中标方不准再分包或转包，否则甲方有权单方收回承包权或终止合同，其一切损失由中标方负责承担。

（2）中标后，中标单位必须承诺遵守建设方的《安全文明施工管理规定》，按要求保证文明施工、安全生产。

第四节 工程施工招标管理

工程建设项目符合《工程建设项目招标范围和规模标准规定》（国家计委令第3号）规定的范围和标准的，必须通过招标选择施工单位，任何单位和个人不得将依法必须进行招标的项目化整为零或者以其他任何方式规避招标。

一、工程建设项目招标条件

根据《工程建设项目施工招标投标办法》第八条的规定，依法必须招标的工程建设项目，应当具备如图4-14所示的条件才能进行施工招标。

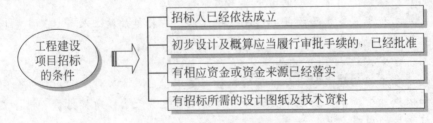

图4-14　工程建设项目招标的条件

二、工程施工招标的范围

依法必须进行施工招标的工程建设项目有下列情形之一的,可以不进行施工招标。

(1) 涉及国家安全、国家秘密、抢险救灾或者属于利用扶贫资金实行以工代赈需要使用农民工等特殊情况,不适宜进行招标。

(2) 施工主要技术采用不可替代的专利或者专有技术。

(3) 已通过招标方式选定的特许经营项目投资人依法能够自行建设。

(4) 采购人依法能够自行建设。

(5) 在建工程追加的附属小型工程或者主体加层工程,原中标人仍具备承包能力,并且其他人承担将影响施工或者功能配套要求。

(6) 国家规定的其他情形。

三、工程施工招标的方式

工程施工招标分为公开招标和邀请招标。按照国家有关规定需要履行项目审批、核准手续的依法必须进行施工招标的工程建设项目,其招标范围、招标方式、招标组织形式应当报项目审批部门审批、核准。项目审批、核准部门应当及时将审批、核准确定的招标内容通报有关行政监督部门。

依法必须进行公开招标的项目,有下列情形之一的,可以邀请招标,具体如图 4-15 所示。

情形一	项目技术复杂或有特殊要求,或者受自然地域环境限制,只有少量潜在投标人可供选择
情形二	涉及国家安全、国家秘密或者抢险救灾,适宜招标但不宜公开招标
情形三	采用公开招标方式的费用占项目合同金额的比例过大

图 4-15 可以邀请招标的情形

全部使用国有资金投资或者国有资金投资占控股或者主导地位的并需要审批的工程建设项目的邀请招标,应当经项目审批部门批准,但项目审批部门只审批立项的,由有关行政监督部门批准。

四、工程施工招标公告的内容

招标公告或者投标邀请书应当至少包括如图 4-16 所示的内容。

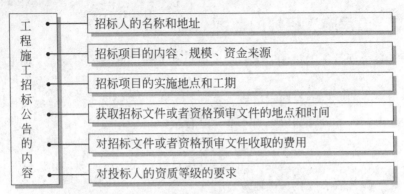

图 4-16 工程施工招标公告的内容

五、工程施工招标的资格审查

工程施工招标的资格审查分为资格预审和资格后审，具体如图 4-17 所示。

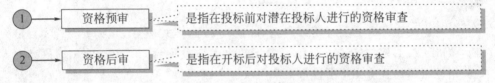

图 4-17 资格审查的形式

资格审查应主要审查潜在投标人或者投标人是否符合下列条件。

（1）具有独立订立合同的权利。

（2）具有履行合同的能力，包括专业、技术资格和能力；资金、设备和其他物质设施状况；管理能力；经验、信誉和相应的从业人员。

（3）没有处于被责令停业、投标资格被取消、财产被接管或冻结、破产状态。

（4）在最近三年内没有骗取中标和严重违约及重大工程质量问题。

（5）国家规定的其他资格条件。

资格审查时，招标人不得以不合理的条件限制、排斥潜在投标人或者投标人，不得对潜在投标人或者投标人实行歧视待遇。任何单位和个人不得以行政手段或者其他不合理方式限制投标人的数量。

六、工程施工招标文件内容

根据《工程建设项目施工招标投标办法》第二十四条的规定，招标人根据施工招标项目的特点和需要编制招标文件。招标文件一般包括如图 4-18 所示的内容。

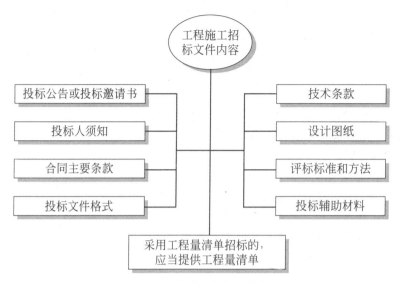

图 4-18 工程施工招标文件内容

招标人应当在招标文件中规定实质性要求和条件,并用醒目的方式标明。下面提供一份工程施工投标邀请书的范本,供读者参考。

【实战范本】投标邀请书

投标邀请书

招标项目编号:

_____(被邀请单位名称):

一、招标条件

本招标项目__(项目名称)__已由__(项目审批、核准或备案机关名称)__以__(批文名称及编号)__批准建设,项目业主为_____,建设资金来自__(资金来源)__,项目出资比例为_____,招标人为_____。项目已具备招标条件,现邀请你单位参加__(项目名称)__标段施工投标。

二、项目概况与招标范围

(1)(略)。

(2)工程建设地点为__(工程建设地点)__。

(3)计划开工日期为__(开工年)__年__(开工月)__月__(开工日)__日,计划竣工日期为__(竣工年)__年__(竣工月)__月__(竣工日)__日,工期__(工期)__日历天。

(4)工程质量要求符合__(工程质量标准)__标准。

三、投标人资格要求

(1) 投标单位须是具备建设行政主管部门核发的 ＿＿＿（行业类别）＿＿＿（资质类别）＿＿＿（资质等级）＿＿＿ 及以上资质，及安全生产许可证（副本）原件及复印件的法人或其他组织，并在人员、设备、资金等方面具有相应的施工能力。

(2) 投标单位拟派出的项目经理或注册建造师须是具备建设行政主管部门核发的＿＿＿（行业类别）＿＿＿（资质类别）＿＿＿（资质等级）＿＿＿及以上资质。

(3) 拟派出的项目管理人员，应无在建工程，否则按废标处理；投标单位的项目经理或注册建造师中标后需到本项目招投标监督主管部门办理备案手续。

(4) 本次招标＿＿＿（接受或不接受）＿＿＿联合体投标。联合体投标的，应满足下列要求：＿＿＿。

(5) 各投标人均可就上述标段中的＿＿＿（具体数量）＿＿＿个标段投标。

(6) 外省施工企业还需到分公司工商注册所在地的市（州）、县（市）建设行政主管部门办理《××省入吉建筑业企业备案证明书》后方可参加投标。

(7) 拒绝列入政府不良行为记录期间的企业或个人投标。

四、招标文件的获取

(1) 请于＿＿＿年＿＿＿月＿＿＿日至＿＿＿年＿＿＿月＿＿＿日（法定公休日、法定节假日除外），每日上午＿＿＿时至＿＿＿时，下午＿＿＿时至＿＿＿时（北京时间，下同），在＿＿＿＿＿＿（详细地址）＿＿＿＿＿＿持投标邀请书购买招标文件。

(2) 招标文件每套售价＿＿＿元，售后不退。图纸押金＿＿＿元，在退还图纸时退还（不计利息）。

(3) 邮购招标文件的，需另加手续费（含邮费）＿＿＿元。招标人在收到单位介绍信、投标邀请书和邮购款（含手续费）后＿＿＿日内寄送。

五、投标文件的递交

(1) 投标文件递交的截止时间（投标截止时间，下同）为＿＿＿年＿＿＿月＿＿＿日＿＿＿时＿＿＿分，地点为＿＿＿＿＿＿。

(2) 逾期送达的或者未送达指定地点的投标文件，招标人不予受理。

(3) 投标单位在提交投标文件时，应按照有关规定提供不少于人民币＿＿＿元的投标保证金或投标保函。

(4) 有效投标人不足五家时，招标人另行组织招标。

(5) 当投标人的有效投标报价超出招标人设定的拦标价时，该投标报价视为无效报价。

六、确认

你单位收到本投标邀请书后，请于＿＿＿＿＿＿（具体时间）前以传真或快递方式予以确认。

七、联系方式

招标人：＿＿＿＿＿＿＿＿＿＿＿＿＿＿＿

地　址：＿＿＿＿＿＿＿＿＿＿＿邮编：＿＿＿＿＿＿＿＿＿＿＿

联系人：＿＿＿＿＿＿＿＿＿＿＿＿＿＿＿

电　　话：_____　　传真：_____

招标代理机构：_____
地　　址：_____　　邮编：_____
联 系 人：_____
电　　话：_____　　传真：_____

_____年____月____日

第五章

工程施工管理

第一节　施工进度控制
第二节　施工质量控制
第三节　施工安全控制
第四节　竣工验收控制

工作指引

作为项目实施阶段的工程管理,对房地产产品质量的好坏、能否按计划时间完成以及能否获得预期利润,起着至关重要的作用。房地产工程施工管理是整个开发项目能够成功实施的重要保证,也是提高项目开发效率,提高开发产品品质的重要环节之一。

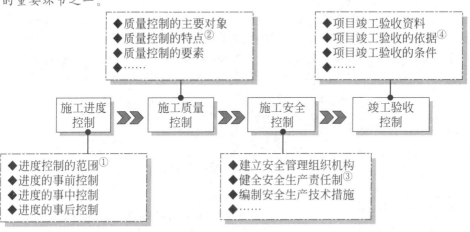

【图示说明】

① 房地产项目进度控制的总目标贯穿在整个项目的实施过程中,要保证项目进度目标的顺利完成,要保证计划目标与实际值的一致,则项目管理者在进行项目进度控制时,要渗透到项目实施的全过程中去,对项目的各个方面进行控制。

② 由于房地产项目施工涉及面广,是一个系统的、复杂的综合过程,再加上项目位置的固定、结构类型不一、质量要求不一、施工方法不一、体型大、整体性强、建设周期长、受自然条件影响大等特点,因此,房地产项目质量比一般工业产品质量更难控制。房地产项目质量控制的特点主要如下:影响质量的因素很多;容易产生质量变异;质量检查的特殊性;质量要受投资、进度的制约。

③ 安全生产责任制是搞好安全工作的重要组织措施,是安全生产管理核心和中心环节。简单说安全生产责任制就是对各级负责人、各职能部门以及各类施工人员在施工过程当中应当承担的责任做出明确的规定。

④ 房地产项目竣工验收的依据如下:可行性研究报告;施工图设计及设计变更通知和补充图;技术设备说明书;现行的施工验收规范、质量检验评定标准;主管部门有关项目建设和批复文件;工程承包合同;建筑安装工程统计规定及主管部门关于工程竣工的规定。

第一节 施工进度控制

房地产项目工程进度控制的重要性对房地产公司不言而喻。出于资金安排和销售的需要,众所周知,项目开工后,房地产公司不会轻易变更事前拟订的开盘时间和交房时间,这就要求工程必须在开盘前完成主体施工,在交房前完成项目竣工验收。

一、进度控制的范围

房地产项目进度控制的总目标贯穿在整个项目的实施过程中,要保证项目进度目标的顺利完成,要保证计划目标与实际值的一致,则项目管理者在进行项目进度控制时,要渗透到项目实施的全过程中去,对项目的各个方面进行控制。项目进度控制的范围如图5-1所示。

图5-1　项目进度控制的范围

1. 项目的各个阶段

从房地产项目控制的概念可以看出,房地产项目的进度不仅仅包括施工阶段,还包括项目前期策划阶段、设计阶段、项目招投标阶段、竣工验收阶段和后期管理阶段,即项目进度控制涉及项目建设的全过程。

2. 项目的各个组成部分

项目管理者在进行进度控制时,对组成房地产项目的所有组成部分进行全方位的进度控制,不仅包括红线内工程,还包括红线外配套工程,不仅包括土建工程、给排水、采暖通风工程,也包括道路、绿化、电气等工程。

3. 项目的所有工作

为了确保房地产项目按计划进度实施完成,就需要把有关项目建设的各项工作,如设计、施工准备、工作招标以及材料设备供应、竣工验收等工作列为进度控制的范围之内。因此,凡是影响房地产项目进度的工作都将成为进度控制的对象。当然,任何事务都有主次之分,要使进度控制工作能够有条不紊、主次分明。

4. 影响进度的各项因素

由于房地产项目具有资金庞大、业务复杂、建设周期长、涉及相关单位多的特点,造成影响项目因素很多,如人的因素、技术因素、材料设备与构建因素,和水文、地质与气象自然因素,以及政治、经济、文化等社会因素,还有其他不确定因素等,若要有效进行项目进度控制就必须对上述各种因素进行全面的分析与预测。

二、进度的事前控制

顾名思义,事前控制就是事情发生之前就做好控制。对于房地产开发项目来说,事前控制包括两项工作,即合理制订计划和严格图纸会审。

1. 合理制订计划

计划是控制的依据，计划制订合理，则进度控制成功了一半，计划制订得不合理，则进度控制失败的风险增大了三倍。

（1）计划制订的过程。计划制订过程如图 5-2 所示。

项目发展部门根据市场情况制订项目开发计划

项目开发计划经有关部门批准后销售部门制订销售计划，项目部根据开发计划和销售计划、国家标准、场地情况、待建情况、施工队施工能力等拟订施工计划，两部门在计划中必须详细列明需要其他部门配合的阶段及要求

经确认后其他部门以此为依据制订各自计划，同样需要在与其他部门交叉的阶段重点标注

由总经理或副总经理召开项目协调会，经协调调整最终确认

图 5-2　计划制订的过程

当然，计划制订过程可以有多种方式，但不论采用何种方式均应注意如图 5-3 所示的 3 个问题。

事项一	计划的制订应以项目为中心，各部门围绕项目进行计划
事项二	计划制订过程中一定要进行详细的计划沟通，在部门之间有交叉的地方相关部门需要进行确认
事项三	计划制订需要得到各个部门的重视，可以考虑将计划制订作为部门的重要业绩考核依据之一

图 5-3　计划制订应注意的事项

2. 严格图纸会审

图纸会审是指工程各参建单位（建设单位、监理单位、施工单位）在收到审查合格的施工图设计文件后，在设计交底前对图纸进行全面细致的熟悉，审查出施工图中存在的问题及不合理情况并提交设计院进行处理的一项重要活动。通过图纸会审可以使各参建单位特别是施工单位熟悉设计图纸、领会设计意图、掌握工程特点及难点，找出需要解决的技术难题并拟订解决方案，从而将设计中存在的问题在施工之前解决。因此，图纸会审的深度和全面性将在一定程度上影响工程施工的质量、进度、成本、安全和工程施工的难易程度。

只要认真做好了此项工作，图纸中存在的问题一般都可以在图纸会审时被发现并尽早得到处理，从而可以提高施工质量、节约施工成本、缩短施工工期，提高效益。因此，图纸会审是工程施工前的一项必不可少的重要工作。

图纸会审的要求如下。

(1) 项目工程师应组织各专业工程师（技术员）、施工人员、质检人员熟悉图纸，细致了解设计意图和设计要点，掌握施工的关键部位，澄清图纸中的疑点，纠正图纸中的错漏。

(2) 加强各专业之间的配合，最大限度地发现图纸中存在的问题，减少图纸中漏查项目，消除设计缺陷，把图纸中的差错纠正在施工之前，给施工的正常有序推进提供保障。

(3) 向设计单位提出建设性意见，使设计更加完善、合理和便于施工，以保证不出现因为图纸差错而给质量、安全、环保地完成施工任务造成障碍，为编制施工组织设计和施工准备创造条件。

(4) 设计单位对设计意图和施工单位的图纸会审意见进行说明和答疑。参加图纸会审和设计交底人员要实事求是、耐心细致解答施工单位提出的会审意见，对于现场无法答复的要明确解决问题的具体时间和方式。施工单位同时要尊重设计单位意见，如有不同意见或建议，应通过正常途径和渠道解决。

(5) 项目部将内部图纸会审意见在图纸会审时向设计单位逐条提出，由设计单位相关人员逐条解答。图纸会审内容由项目部负责详细记录，并由建设、设计、施工、监理四方签字，形成图纸会审记录。设计单位当时决定不了的问题，由设计单位确定后补办洽商或设计变更，并及时发放有关单位。

三、进度的事中控制

项目进度的事中控制可采用节点控制法，节点控制法就是不断地、周而复始地进行循环控制，以日保旬（周）、以旬（周）保月、以月保季，最终确保施工进度按计划实施并争取提前。

1. 节点制定

项目施工计划应有详细的分解，如一般施工项目分解成为桩基施工、基础施工、主体施工、装修施工和配套施工五个主要节点，每一个阶段又可以细分为更小的节点，具体见表 5-1。

表 5-1　项目开发节点计划

序号	节点名称	级别	类别	××项目/××分期/××区段		
				(栋数/层数)		
				(建筑面积)		
				年度计划	动态计划	实际进展
	前置工作					
1	概念设计	集团	C			

续表

序号	节点名称	级别	类别	××项目/××分期/××区段 (栋数/层数) (建筑面积)		
				年度计划	动态计划	实际进展
2	设计资料交底、核对、移交		C			
3	规划定界报告(土地测绘报告)		C			
4	完成土地出让合同		C			
	设计与报批报建					
5	现场规划定界		C			
6	规划设计(详规)	集团	A			
7	取得建设用地批准书		C			
8	获得立项批文		C			
9	取得工程报建卡		C			
10	取得土地证		B			
11	详规评审会		C			
12	获得详规批复		A			
13	实施方案	集团	B			
14	销售展示区实施时间(实施计划确定)	集团	C			
15	方案征询、批复		B			
16	取得《建设用地规划许可证》	集团	A			
17	地名申请完成		C			
18	环评报告批复		C			
19	可研报告批复		B			
20	完成详勘		C			
21	扩初设计		B			
22	扩初设计(含配套)征询		C			
23	扩初批复		B			
24	桩基施工图	集团	C			
25	报建图	集团	C			
26	强电系统图完成		C			

续表

序号	节点名称	级别	类别	××项目/××分期/××区段 (栋数/层数) (建筑面积)		
				年度计划	动态计划	实际进展
27	全套施工图完成	集团	A			
28	施工图审图完成		B			
29	配套专业设计完成		C			
30	室外综合管网施工图完成		C			
31	景观施工图完成	集团	B			
32	全装修施工图完成		B			
33	取得《建设工程规划许可证》	集团	A			
34	节能审批	集团	C			
35	配套单位进场		B			
36	取得《预售许可证》	集团	A			
	采购工作					
37	设计、勘察、监理中标通知书		C			
38	总包单位中标通知书	集团	C			
39	获得《施工许可证》	集团	A			
40	建筑外立面材料、部品采购清单确定		C			
41	室外景观材料、部品采购清单确定		C			
42	室内装修材料、部品采购清单确定		C			
43	机、电设备采购清单确定		C			
	工程实体施工					
44	现场规划定界(验线)		C			
45	基础施工开始	集团	A			
46	地下结构工程验收证明		C			
47	配套申请		C			
48	主体施工开始	集团	A			
49	主体结构达到预售条件	集团	A			
50	主体结构封顶		C			

续表

序号	节点名称	级别	类别	××项目/××分期/××区段 (栋数/层数) (建筑面积)		
				年度计划	动态计划	实际进展
51	室内土建湿作业完成		C			
52	全装修施工开始		C			
53	全部装修施工完成		C			
54	外脚手架拆除完成	集团	C			
55	雨、污水工程完成		C			
56	室外配套、园建(室外总体完成)	集团	B			
57	正式水、电开通		C			
	销售开盘					
58	销售中心开放		B			
59	销售展示区开放时间	集团	B			
60	销售开盘时间	集团	A			
	工程竣工、交付					
61	配套工程验收完成		C			
62	环保、消防、卫生、交通、绿化验收		C			
63	室外水系统验收		C			
64	规划验收完成		C			
65	竣工备案时间	集团	A			
66	交付使用许可证		B			
67	交付风险检查		B			
68	预验收	集团	C			
69	房地产权证		B			
70	交付时间	集团	A			

2. 节点控制

节点控制包括节点完成的控制以及节点过程控制。

（1）节点控制的工作。节点过程控制是进度控制实施的主体阶段，也是进度控制成败的关键阶段。事实上，几乎每一个房地产公司的每一个项目部都可以拿出甘特图之类的施工计划,遗憾的是旁边却很少见施工计划实施的对照计划,缺乏过程控制。过程控制的办法有多种,一般而言,过程控制应做好如图 5-4 所示的 4 个方面的工作。

工作一	项目外围关系维护处理,以免因外部因素干扰而延误工期
工作二	保持与公司职能部门的紧密联系与沟通,加快一些审批手续的流转效率,如签证、设计变更等
工作三	处理好项目部与监理单位和施工单位的关系,项目部对施工单位的监控主要通过监理单位来实现,而监理行业本身的素质很难对施工单位进行主动有效的监控,项目部应严格对监理单位的控制,以制度为主,对施工单位则以人情等软手段进行控制
工作四	控制一定要形成书面记录

图 5-4 节点过程控制应做好的工作

(2) 节点控制的工具和手段。节点控制可用的工具和手段主要有:状态跟踪表、不履约通知、记日工、日报、月报、现场指令、现场巡视等。

(3) 节点控制要注意的事项。节点控制要注意如图 5-5 所示的事项。

事项一	节点完成控制指应及时组织项目节点验收,并根据完成情况予以考核评价
事项二	不能如期完成的应发出不履约通知作为警告以及后续考核处罚之用
事项三	进度发生变化还应变更后续项目施工计划并与其他部门沟通、发布计划变更信息

图 5-5 节点控制要注意的事项

四、进度的事后控制

项目进度的事后控制包括两个方面的工作,即计划变更的处理和进度超期的处理。

1. 计划变更的处理

计划变更的发生可由施工因素和施工之外的因素引起,施工因素指项目施工造成的项目进度出现大的变化需要变更进度计划,施工之外的因素主要由于其他部门的进度不能跟上从而影响施工或因开发计划发生变化则施工计划需要做相应改变。

不管何种计划变更,其处理都应是及时与相关部门取得联系,最好是组织召开计划变更协调会,将计划变更的影响降到最低。相关部门应做出计划变更的原因分析总结,为以后工作的改进提供建议。

2. 进度超期的处理

进度超期发生之后的处理同样需要引起重视。不少项目部发生超期后便"埋头苦干",争取将进度追回来,导致的结果往往是增大成本和降低质量要求,加大后续服务难度。因此,出现进度超期的情况时应按程序妥善处理,具体方法如图 5-6 所示。

方法一	在进度超期实际发生之后,首先应知会领导及其他相关部门,而不是隐瞒
方法二	决定是否需要变更计划,如变更计划采取前述处理
方法三	分析总结,形成书面材料
方法四	追究有关责任

图 5-6　进度超期的处理方法

从以上分析可以看出,由于房地产项目开发的复杂性,房地产企业的工程进度控制是一项系统工程,不仅需要在过程处理上运用很多的小技巧,灵活控制监理单位和施工单位,还需要公司其他职能部门的密切配合、顺畅沟通,从系统的角度去完善改进。

相关链接:
如何控制房地产项目的进度

进度控制是房地产开发项目的控制目标之一,其重要性对房地产企业不言而喻。它直接关系到房地产开发项目产品进入市场的时间,关系到开发商的经济利益,同时也关系到消费者的利益。项目计划进度必须服从公司经营进度的需求。现实中,房地产公司确能做到上述两点,问题在于目前的工程施工往往是前松后紧,即前阶段超期,后阶段赶工,以此造成的后果是以牺牲工程质量为代价,将问题爆发于物业管理阶段,加大了公司物业管理成本,降低了公司美誉度。

在开发项目管理当中,经常碰到工作任务的计划时间屡屡打破而拖延的情况,给项目成本控制造成极大浪费,更糟的是出现时间屡屡拖延了之后而难以找到责任方的情况,最终受到伤害最大的是开发商自己,或更上层领导。众所周知,出于资金安排和销售的需要,项目开工后,房地产企业不会轻易变更事前拟订的开盘时间和交房时间,尤其是商品房开发过程中已经支付定金的购房人,这就要求工程必须在开盘前完成主体施工,在交房前完成项目竣工验收。

在项目管理中,项目的特殊性决定了项目中必然包含种种相互关联的任务和不可预知的风险。项目本身的设计、功能、技术、施工、外部环境等不确定因素,对项目的计划执行会产生各种各样的影响。作为项目实施的指导性文件,项目计划对项目的预期目标进行筹划安排,将项目的全过程、全部目标和全部活动统统纳入计划的轨道,使人力、材料、机械、设备和建设资金等各种资源得到合理、充分、有效的运用，以期实施过程中及时对各阶段、各环节进行协调，达到质量优良、工期和造价合理的预定目标。为了对工程项目的施工进度有效地控制，必须在项目计划实施之前对影响工程项目进度的因素进行分析，进而提出保证项目计划成功的措施，以实现对项目计划的主动控制。影响工程项目计划的因素有很多，归纳起来，主要有以下8个方面。

1. 工程建设相关单位的影响

影响工程项目计划的单位不只是施工承包单位，事实上，只要是与工程建设有关的单位（如政府有关部门、业主、设计单位、甲材供应单位、资金贷款单位，以及自来水、通信、供电等部门），其工作进度的拖后必将对施工进度产生影响。因此，控制施工进度仅仅考虑施工承包单位是不够的，必须充分发挥相关部门的作用，协调各相关单位之间的进度关系，而对于那些无法进行协调控制的进度关系，在进度计划的安排中应留有足够的机动时间。

2. 甲供材对工程进度造成影响

施工过程中需要的材料、构配件、机具和设备等如果不能按期运抵施工现场或者运抵施工现场后发现其质量不符合有关标准的要求，都会对施工进度产生影响。因此，项目计划控制人员应严格把关，供应部应做好同材料设备供应商及施工现场的有效及时沟通，采取有效措施控制好物资供应进度。

3. 设计变更的影响

在施工过程中，出现设计变更是难免的，或者是由于原设计有问题需要修改，或者是由于业主提出了新的要求。项目计划控制人员应加强图纸审查，严格控制随意变更，特别对业主的变更要求应引起重视。

4. 施工条件的影响

在施工过程中，一旦遇到天气、地质及周围环境等方面的不利因素，必然会影响到施工进度，此时，承包单位应利用自身的技术组织能力予以克服。监理应积极疏通关系，协助承包单位解决那些自身不能解决的问题。风险因素包括政治、经济、技术及自然等方面的各种因素；经济方面的有延迟付款、分包单位违约等；技术方面的有工程事故、试验失败、标准变化等。

5. 资金的影响

工程施工的顺利进行必须有足够的资金作保障。一般来说，资金的影响主要来自甲方，或者是由于没有及时给足工程进度款，或者是由于拖欠了工程进度款，这些都会影响到承包单位流动资金的周转，进而影响施工进度。项目计划控制人员应根据甲方的资金供应能力，安排好项目计划，并督促甲方及时拨付工程进度款，以免因资金供应不足而拖延进度，导致工期索赔。

6. 承包单位自身管理水平的影响

施工现场的情况千变万化，如果承包单位的施工方案不当、计划不周、管理不善、解决问题不及时等，都会影响工程项目的施工进度。

7. 专业分包的影响

专业分包的选择应充分做好计划，不能由此影响工程的进展。专业分包主要包括铝合金窗、外墙保温、电梯、室内精装、消防报警、弱电等，由于这些专业分包的作业内容既包含设计，又包含施工，有的还包含供货，因而选择周期会较长，也很难控制。所以建设单位应根据项目计划充分做好这些专业分包的选择及招标计划，使之与施工进度计划相吻合。

8. 总承包和专业承包的界面划分问题

总承包、专业分包、甲供材等界面划分问题应提前在合同中加以明确，明确得越详细越好，这样就可以避免在施工过程中，对于某一项施工内容，不同的施工单位由于各自的理解不同而相互推诿、相互扯皮，同时也可以有效地做好不同工序之间、不同专业之间、不同承包商之间的有效衔接。

第二节　施工质量控制

施工是开发项目形成实体的过程，也是决定最终产品质量的关键阶段，要提高开发项目的工程质量，就必须狠抓施工阶段的质量控制。

一、质量控制的主要对象

项目质量管理的主要对象是工程质量，它是一个综合性的指标，包括如图 5-7 所示的 4 个方面。

指标一	工程投产运行后，所生产的产品的质量、该工程的可用性、使用效果和产出效益、运行的安全度和稳定性
指标二	工程结构设计和施工的安全性和可靠性
指标三	所使用的材料、设备、工艺、结构的质量以及它们的耐久性和整个工程的寿命
指标四	工程的其他方面，如外观造型、与环境的协调、项目运行费用的高低以及可维护性和可检查性等

图 5-7　质量控制的综合性指标

二、质量控制的特点

由于房地产项目施工涉及面广，是一个系统的、复杂的综合过程，再加上项目位置的固定，结构类型不一、质量要求不一、施工方法不一、体型大、整体性强、建设周期长、受自然条件影响大等特点，因此，房地产项目质量比一般工业产品质量更难控制。房地产项目质量控制的特点主要如图 5-8 所示。

1. 影响质量的因素很多

比如施工场地的地形、地貌、工程地质和水文情况、施工期的天气变化、设

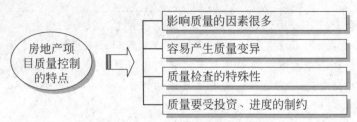

图 5-8 房地产项目质量控制的特点

计勘察水平、施工人员素质、材料供应、机械配备、施工工艺及管理制度,均直接对施工项目的质量产生影响。

2. 容易产生质量变异

生产过程中由于存在着影响质量变化的因素,这些因素会影响产品的质量和生产过程的稳定性,从而使产品质量间存在着差异,这种差异称为质量的变异。比如材料材质在许可范围内的不均匀现象、一天当中气候的微小变化等都会造成偶然性因素的质量变异。又如当材料规格型号不对或者施工工艺有误时会造成系统性因素的质量变异,造成工程质量事故。

3. 质量检查的特殊性

在工程项目中,工序交接多、隐蔽工程多,工程项目的质量检查不像一个零件的加工那样只注重结果就行,而是应该自始至终贯穿于整个工程项目之中。而且工程项目建成后具有整体性,一个分项工程不合格就会造成整个工程不合格。

4. 质量要受投资、进度的制约

施工项目的质量受投资、进度的制约较大。如果一个房地产项目投资受制约,抢工抢活,质量必然会受到影响。施工过程中,必须妥善处理质量、投资、进度三者之间的关系,使其在保证质量的前提下做到多快好省。

三、质量控制的要素

要做好房地产项目施工阶段质量控制,主要应对影响施工项目质量的五大主要因素实施全面控制,即 4M1E,具体如图 5-9 所示。

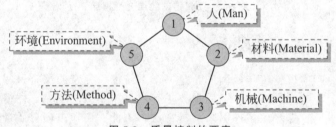

图 5-9 质量控制的要素

1. 人的控制

人,是指直接参与施工的组织者、指挥者和操作者。人,作为控制的对象,是要避免产生失误，作为控制的动力，是要充分调动人的积极性，发挥人的主导作用。在使用人的问题上，应综合考虑，全面控制。

2. 材料的控制

材料控制包括原材料、成品、半成品、构配件等的控制，主要是严格检查验收，正确合理地使用，建立管理台账，进行收、发、储、运等各环节的技术管理，避免混料和将不合格的原材料使用到工程上。

3. 机械控制

机械控制包括施工机械设备、工具等的控制。要根据不同工艺特点和技术要求，选用合适的机械设备，正确使用、管理和保养好机械设备。为此要健全"人机固定"制度、"操作证"制度、岗位责任制度、交接班制度、"技术保养"制度、"安全使用"制度、机械设备检查制度等，确保机械设备处于最佳使用状态。

4. 方法控制

方法控制包括施工方案、施工工艺、施工组织设计、施工技术措施等的控制，主要应符合工程实际，有利于保证质量、加快进度、降低成本。

5. 环境控制

影响工程质量的环境因素较多，有工程技术环境，如工程地质、水文、气象等；工程管理环境，如质量保证体系、质量管理制度等；劳动环境，如劳动组合、作业场所、工作面等。环境因素对工程质量的影响，具有复杂而多变的特点，因此根据工程特点和具体条件，应对影响质量的环境因素，采取有效的措施严加控制。

四、质量控制的任务

房地产项目施工阶段质量控制的任务，按照工程质量形成的时间阶段可划分为以下3个阶段。

1. 事前控制

事前控制工作主要包括两个方面：一方面是对参与施工的各方（施工单位、监理单位）施工准备工作进行全面的检查与控制；另一方面是做好图纸会审、技术交底、技术方案等方面的质量控制工作。对于房地产企业在施工前的准备工作期间，进行的质量控制和管理工作主要如图5-10所示。

2. 事中控制

事中控制是指在施工质量形成过程中，对影响施工质量的各种因素进行全面的动态控制。事中控制的主要任务如图5-11所示。

3. 事后控制

事后控制是对质量活动结果的评价、认定和对质量偏差的纠正。控制的重点是发现质量方面的缺陷，并通过分析提出施工质量改进的措施，保持质量处于受控状态。事后控制的主要任务如图5-12所示。

任务一	对施工单位的施工队伍及人员质量的控制
任务二	协助施工单位对工程所需的原材料、半成品、构配件和永久性设备、器材的质量控制
任务三	对施工方案、方法和工艺的控制,主要是审查施工单位的施工组织设计、专项作业计划、质量保证体系等
任务四	协助施工单位施工机械设备的质量控制
任务五	审查施工单位对施工环境与条件方面的准备工作的质量控制
任务六	审查监理单位对施工准备工作的质量控制
任务七	对测量基准点和参考标高的确认及工程测量放线的质量控制
任务八	搞好设计交底和图纸会审(与施工单位、监理单位、设计院配合)

图 5-10　事前质量控制任务

任务一	对质量控制的自检系统进行控制,使其能在质量管理中始终保持良好的工作状态
任务二	完善工序质量控制,对重要的和复杂的工序加强控制,对重要的部位或专业工程进行试验和复核
任务三	在施工过程中进行质量跟踪监控,严格工序间的交接检查,对主要工序和隐蔽工程,确认其质量符合要求后,才能进行下道工序
任务四	在工程施工过程中,对重要的工程变更或图纸修改,都应通过审查并组织有关方面进行研究、讨论、确认后,发布变更指令予以实施
任务五	工序产品的检查、验收,应按规定进行"三控制"自检;重要的工程部位、工序和专业工程,监督检查是否进行试验或技术复核
任务六	及时处理已发生的质量问题或质量事故;下达停工、返工指令控制施工质量

图 5-11　事中质量控制任务

五、质量控制的途径和方法

施工阶段进行质量控制主要是通过审核有关文件、报表,以及进行现场检查及试验等途径和方法来实现的。

1. 审核有关技术文件、报告或报表

审核有关技术文件、报告或报表包括如图 5-13 所示的内容。

任务一	对施工过程所形成的分部、分项工程进行中间验收，同时根据工程性质，要求施工单位进行分部、分项工程质量等级的评定
任务二	组织联动试车或设备的试运行
任务三	组织单位工程或整个工程项目的竣工验收

图 5-12　事后质量控制任务

内容一	审核进入施工现场的分包单位的资质证明文件，控制分包单位的施工质量
内容二	审批施工承包单位的开工申请书，检查、核实与控制其施工准备工作质量
内容三	审核施工单位提交的有关工序产品质量的证明文件、工程质量检查报告等文件，以确保和控制施工过程的质量
内容四	审批有关设计变更、修改设计图纸等，确保设计及施工图纸的质量
内容五	审批有关工程质量缺陷或质量事故的处理报告，确保质量缺陷或事故处理的质量

图 5-13　质量控制方法——审核文件

2. 现场质量监督与检查

现场监督检查的内容包括以下 4 个方面。

（1）开工前的检查。主要是检查工开前准备工作质量，能否保证正常施工及工程施工质量。

（2）工序施工中的跟踪监督、检查与控制。主要是监督、检查在工序施工过程中，人员、施工机械设备、材料、施工方法及工艺或操作以及施工环境条件等是否处于良好的状态，是否符合保证工程质量的要求，若发现有问题应及时纠偏和加以控制。

（3）复工前的检查。当工程因质量问题或其他原因，监理指令停工后，在复工前应经监理人员检查认可后，下达复工指令，方可复工。

（4）分项、分部工作完成后，应经监理人员检查认可后，签署中间交工证书。

下面提供一份××房地产企业工程质量控制管理制度的范本，供读者参考。

【实战范本】××房地产企业工程质量控制管理制度

××房地产企业工程质量控制管理制度

一、目标

通过规范施工过程质量控制活动，防止不符合规定的工程交付和不合格的施工继续进行（下道工序）施工。

二、施工准备阶段的质量控制

（1）在施工图内部审查和交底前，工程部应要求部门专业工程师熟悉设计文件。

（2）在项目开工前，工程部应要求总监理工程师组织专业监理工程师审查施工单位报送的施工组织设计（方案），提出审查意见。

（3）在项目开工前，工程部负责落实以下工作。

——要求并亲自参与监理机构总监理工程师组织专业监理工程师和工程部专业工程师，对施工单位现场项目管理机构的质量管理体系、技术管理体系和质量保证体系进行审核，主要审核以下内容：质量管理、技术管理和质量保证的组织机构；质量管理、技术管理制度及保证工程质量的必要试验设施、条件；专职管理人员和特种作业人员的资格证、上岗证。

——应要求监理机构总监理工程师对施工单位报送的测量放线控制成果及保护措施进行检审，若符合要求，由监理机构总监理工程师予以签认，并送工程部备案。检审内容包括：检查施工单位专职测量人员的岗位证书及测量设备检定证书；复核控制桩的校核成果；控制桩的保护措施以及平面控制网、高程控制网、临时水准点的测量成果。

——对施工单位提交的开工报审表及相关资料进行审查，审查合格由总监理工程师签发，并送工程部备案。

（4）场地平整及压实是否满足施工要求。

（5）施工道路及路况质量是否满足运输要求。

（6）施工水、电是否满足施工要求

（7）施工单位人员是否已到位，机具、施工人员是否已进场。

三、施工过程中的质量控制

（1）工程部专业工程师的施工质量日常管理工作内容要点：要求并参与对施工过程进行巡视和检查，要求并参与在施工过程中监控施工单位各项工程活动，随时密切注意一切不利于质量的事件，将此纳入现场日常管理工作范围，并行使跟踪、督促、控制、管理权。

（2）对管理的工程项目的隐蔽工程施工、下道工序施工完成后难以检查的重点部位，应要求进行旁站；应要求并亲自参与对施工单位报送的隐蔽工程报验申请表和自检结果进行现场检查，符合要求予以签认，对未经监理人员验收或不合格的工序，应拒绝签认，并要求施工单位严禁下道工序施工。

（3）对管理的工程项目发现施工存在重大质量隐患，可能造成质量事故或已经造成质量事故，应于发现2小时内，要求监理人员和专业监理工程师立即报告总监理工程师，同时工程部专业工程师立即报告工程部长和公司分管领导。经现场检查、情况分析后，确有可能造成质量事故或已经造成质量事故，通过总监理工程师及时下达工程暂停令。要求施工单位停工整改，整改完毕应亲自参与现场复查，符合规定要求后，签署工程复工报审表。

（4）施工过程质量控制的主要方法和手段。除上述工程部要求并亲自参与对施工过程的质量进行跟踪、督促、控制、管理的同时，可根据相关规范和制度，采取以下控制方式、方法、依据、手段、时机，对施工过程的质量进行有效控制。

——控制的方式。根据进度进行旁站、巡回检查、平行检查。

——控制的方法。认可、确认签证，签发指令审核、审查、审批；旁站检查（巡回检查、平行检查、日常检查）、检测、检验、验收、核定；试验。

——控制的依据。符合国家、行业相关标准或规范的要求；符合适用法律、法规的规定；满足合同及其他约定；施工组织设计、技术文件内容；施工图纸；公司编制的质量控制文件。

——控制的手段。发现、判定不符合规定的工程和施工行为，根据不符合的程度和影响，督促、要求并参与监理机构采取下列手段中的一种或其任意组合：暂停施工；返工、返修；请求工程变更；停用、禁用（对不符合规定的材料、配件、设备、施工机械适用）；限时纠正；拒收；禁止继续施工。

——控制的时机。工程使用的重要材料（钢材、水泥、配件、构件）应于进场时即时进行检验核查，必要时取样送有关单位进行试验；混凝土配合比及配合试验，应于浇注前及浇注中检验、核查；工程使用的机具、模板、吊具在第一次使用前进行检查；隐蔽工程在施工过程中应旁站，经验收后方可继续下一工序施工；分部、分项工程在施工过程中进行旁站或检查，施工结束后进行确认或验收；施工单位建立、保存、提交的自检、试验记录报告，应即时核查，并对照报告内容是否完整、齐全、准确、有效。

四、工程竣工验收阶段的质量控制

施工过程的质量控制所用记录、报告、表格，主要部分应由施工单位和材料供应单位提供，少部分由工程部建立，工程部应完整存档。

第三节 施工安全控制

工程安全管理是项目管理的一项重要的工作，如何应对日益突出的安全事故，强化工程安全管理，是每一个房地产企业管理人员，尤其是工程安全管理人员面临的当务之急。

一、建立安全管理组织机构

工程项目部要建立以项目经理为安全第一责任人，以现场安全员、项目技术负责人及项目班组长为成员的项目安全领导小组，负责从开工到竣工全过程的安全生产工作。其中必须根据建筑施工企业安全生产管理机构设置及专职安全生产管理人员配备办法的规定来配备专职安全管理人员,而所配备的专职安全人员应基本具备如图5-14所示的3点要求。

要求一：要有一定的专业知识和安全管理技能,能发现安全隐患,知道如何处理隐患,同时能组织有关人员进行相关安全生产活动

要求二：要有严谨的工作作风,责任心强,严谨的工作作风就是要"勤快和细致"

要求三：要有服务的心态和谦虚态度,服务的心态和谦虚的态度是指不要有高高在上的感觉,要和现场工作人员处理好关系,乐于接受建议和批评,能让作业人员体会到安全管理工作最直接的受益者就是他们自己

图5-14　专职安全人员应具备的要求

二、健全安全生产责任制

安全生产责任制是搞好安全工作的重要组织措施,是安全生产管理核心和中心环节。简单说安全生产责任制就是对各级负责人、各职能部门以及各类施工人员在施工过程当中应当承担的责任做出明确的规定。

为了真正落实好安全生产责任制,对各级各类人员及部门在安全工作中的责、权、利必须明确界定,必须根据项目管理人员的岗位职责制定,并逐层落实签订《安全生产责任书》,做到"谁主管,谁负责；谁在岗,谁负责",并按要求追究相关责任。

同时工程项目部还应根据现场实际情况制定各项相应的管理制度,以便做到安全管理有理有据,尽量避免出现"个人意志化"管理。

三、编制安全生产技术措施

工程项目部要根据工程的情况,制定切实可行的安全生产目标,明确现场安全管理要达到的标准,如安全经费投入、文明施工目标等,使安全管理有一个明确的方向。

同时项目技术负责人必须编制相关的安全施工组织设计、方案,对现场安全施工起指导性作用。组织设计及方案的编制必须要有针对性。

下面提供一份××房地产企业夏季施工安全措施的范本,供读者参考。

【实战范本】××房地产企业夏季施工安全措施

××房地产企业夏季施工安全措施

(1)采取多种形式,对职工进行防暑降温知识的宣传教育,使职工知道中暑

症状，学会对中暑病人采取应急措施。

（2）合理调整作息时间，避开中午高温时间工作，严格控制工人加班加点，高处作业工人的工作时间要适当缩短，保证工人有充足的休息和睡眠时间。

（3）对容器内各高温条件下的作业场所，要采取措施，搞好通风和降温。

（4）高温、高处作业的工人需经常进行健康检查，发现有作业禁忌证者应及时调离高温和高处作业岗位。

（5）对露天作业集中和固定场所，搭设凉棚防止中暑，并要经常洒水降温。

（6）要及时供应合乎卫生要求的茶水、清凉含盐饮料、绿豆汤等。

（7）要经常组织医护人员深入工地进行巡回医疗和预防工作，重视年老体弱、患过中暑症和血压高的工人身体情况的变化。

（8）及时给职工发放防暑降温的急救品和劳动保护用品。

四、加强安全教育培训

施工现场作业工人的文化素质普遍较低，他们安全意识差，缺乏基本的安全知识和操作技能，"三违"现象时有发生。"兵马未动，粮草先行"，要确保安全，培训须在先，要坚持上岗先培训，未经考试合格不得上岗的原则。

安全教育要结合工程实际情况，坚决杜绝"假、大、空"等条款式内容。同时，应大力开展现场安全技术交底和班组安全活动，严格按照班组活动制度坚持班前教育，保证天天讲安全，时时刻刻有安全，提高职工安全意识、安全技术水平和应变能力，消除职工麻痹大意思想和侥幸心理，严格按照操作规程操作，按章办事，一丝不苟，才能时时、处处、事事保证安全。

下面提供一份××房地产企业安全教育培训制度的范本，供读者参考。

【实战范本】××房地产企业安全教育培训制度

××房地产企业安全教育培训制度

安全教育是提高全员安全意识、安全素质的保证，必须认真抓好。

（1）新工人必须经过三级安全教育（公司、项目部、班组），并必须经考试合格、登记入卡方可参加施工。

（2）工人变换工种，须进行新工种的安全技术教育并记录入卡方可参加施工。

（3）三级教育的时间一般不能少于50小时（公司级不少于15小时；项目部不少于15小时；班组级不少于20小时）。

（4）特殊工种必须经过安全培训，考试合格后持证上岗作业。

（5）定期轮训各级领导干部和安全管理人员，每年至少一至二次，不断提高安全意识、技术素质，提高政策业务水平。

（6）安全教育内容是安全生产思想教育，从加强思想路线方针、政策和劳动纪律两个方面进行；安全知识教育主要从企业的基本生产概况、施工工艺方法、危险区、危险部位及各类不安全因素和有关安全生产防护的基本知识入手，安全技能教育，就是结合各种专业特点，实施安全操作、规范操作的技能培训，使其熟悉掌握本工种安全操作技术；事故教育、法制教育，事故教育可以使其从事故教训中吸取有益的东西，可预防类似事故的发生，法制教育可以激发人们自觉地遵纪守法，杜绝各类违章指挥、违章作业行为，这类教育可以定期或不定期地实施。

在开展教育活动中，必须结合先进的典型事例进行正面教育，以利取长补短，保障安全生产。

安全教育要求体现"六性"，即全员性、全面性、针对性以及成效性、发展性、经常性。

（7）要开展好主管部门及本公司布置的各项安全生产活动，如"百日安全生产活动"、"安全月"、"安全周"等竞赛活动，使安全生产警钟长鸣，防患于未然。同时还可以根据施工生产的特点实施好"五抓"的安全教育，即工程突击赶任务时、工程接近收尾时、施工条件不好时、季节气候变化时、节假日前后时这五个环节必须抓紧教育。

（8）教育培训形式。安全教育、培训可以根据各自的特点，采取多种形式进行，如设培训班、上安全课、安全知识讲座、报告会、智力竞赛、图片展、书画剪贴、电视片、黑板报、墙报、简报、通报、广播等，使教育培训形象生动。

五、开展安全检查工作

开展安全检查工作，发现隐患立即整改。建筑施工现场是一个动态复杂的工作现场，不论项目部对安全多重视，管理制度多严格，安全教育多完善，在日常的施工作业当中依然会存在许多安全隐患及发生"三违"现象，所以安全检查在现场的安全管理工作中是必不可少的一个环节。

相关人员必须每天对现场进行细致的检查，检查尺度要"严"和"准"，发现隐患后应立即"按规定"要求提出整改，整改要求应根据有关规范标准结合现场实际情况进行商定，同时要对整改负责人进行必要的讲解，避免出现整改后仍无法满足安全生产的情况出现。

下面提供一份××房地产企业安全检查制度的范本，供读者参考。

【实战范本】××房地产企业安全检查制度

××房地产企业安全检查制度

一、公司在全系统实行逐级安全检查制度

各事业部、城市公司、专业公司必须建立和落实本单位安全检查制度，通过安全检查，促进安全管理制度的贯彻落实，识别和发现不安全因素，揭示和消除安全事故隐患,预防安全事故的发生。

(1) 集团安委办每年组织一次安全生产专项检查,并结合其他管理工作对所属各单位进行安全管理随机巡检。

(2) 各事业部、城市公司、专业公司应每季度至少进行一次覆盖本单位所有业务单元的安全生产专项检查,对本部所在城市的项目及重点项目实施月度巡检制度。

(3) 项目部安全检查应至少每周一次,对重要生产设施和重点部位加大巡检周期密度;各单位和项目部应根据施工期间季节气候变化,及时增加防洪、防风、防冻、防煤气中毒等季节性安全检查,还应特别注意做好重大节假日前后的安全检查。

二、安全检查主要内容

1. 查思想、查意识

单位负责人对安全生产的认识、态度,是否把安全工作列入重要议事日程;员工是否牢固树立了"安全第一,预防为主,综合治理"的思想,当生产、效益与安全发生矛盾时,是否把安全放在第一位。

2. 查管理、查制度

是否建立、健全安全责任制;是否建立并完善安全组织保障体系和制度流程体系;安全管理目标是否明确并有效分解;安全责任制和各项规章制度是否严格落实;安全生产管理状况是否受控,各项安全工作能否有效开展;安全管理的查错、纠错机制建立及运行情况。

3. 查隐患、查重要设备及设施

深入施工现场和作业场所,查管理上的漏洞、人的不安全行为和物的不安全状态,对重要设备、设施运行及维护进行重点检查和关注。

三、安全检查要求

(1) 安全检查要做好检查台账,将每次检查的情况、整改的情况详细记录在案。

(2) 凡在安全检查中发现的安全隐患由检查组织者签发安全隐患整改通知单,监督落实整改方案并进行复查,重大隐患必须在规定期限内完成整改销项。

(3) 对检查发现的重大安全隐患有可能立即导致人员伤亡或财产损失时,安全检查人员有权责令立即停工,待整改验收后方可恢复施工。

(4) 被检查单位应根据检查的结果,对存在的问题进行分析研究,提出整改的措施和要求,并与目标管理、责任制考核及奖罚等相结合。

六、定期做好安全考核工作

施工项目部要成立以项目经理为首的安全考评小组,针对现场层层签订的《安全生产责任书》定期对现场管理人员进行考评,考评内容为管理人员岗位责任的完成情况及安全目标的落实情况，考评成绩可以与物质奖励挂钩以提高管理人员的工作积极性。对班组也可进行相应的考核活动，考核内容要尽量采用量化的形式，能如实地反映被考核班组管理人员的安全管理能力，表现好的进行奖励，反之进行处罚。

安全考核工作的目的在于对班组管理人员进行激励和约束，增强其安全管理班组作业人员的意识，最终提高班组管理人员的管理水平、作业班组整体安全意识，减少"三违"现象发生。

七、营造安全生产的良好氛围

有关部门做过统计，得出的结论是：氛围与事故成反比。施工现场要搞好安全管理工作，也需要在平时抓好安全生产氛围的建设工作，既要通过安全培训、安全月等形式进行常规性的安全教育，又要充分发挥安全会议、黑板报、违章曝光栏及警示牌等多种途径的作用，强化宣传效果，营造出"人人讲安全，事事讲安全，时时讲安全"的氛围，使现场的作业人员逐步实现从"要我安全"到"我要安全"的思想转变。

下面提供一份××房地产公司工程安全文明施工管理办法的范本，供读者参考。

【实战范本】××房地产企业工程安全文明施工管理办法

××房地产企业工程安全文明施工管理办法

为加强标准化现场管理，提高公司施工现场各项目部的管理水平，提升公司的自身形象，打造公司的品牌力度，迎合市场的需要，本着建设标准规范化的安全施工环境为目的，以国家和地方现有的有关法律、法规、技术规范和标准为依据，结合公司的标准要求，特制定安全文明管理施工方案。

一、安全生产制度

（1）各单位必须建立健全施工现场的管理机构、规章制度，由各公司工程部及现场监理对其进行检查。

落实安全文明施工管理责任制人员安排如下。

组长：项目经理。

副组长：项目技术负责人。

组员：安全员、施工员、各班组长。

（2）落实总包单位安全文明施工管理责任制，使其在施工过程中履行自己的责任和义务。项目经理是安全第一责任人，负责安全生产的直接责任。项目部必须按照现场施工环境，配备具有经验的相应安全员人数，并定期由甲方或监理单位对其进行考核。

（3）制定严格的安全技术操作规程，由项目部安全员和富有经验的施工管理人员对各班组人员定期进行安全技术上的教育培训。

二、安全管理目标

工亡事故为零，无重伤，千人负伤率≤0.3‰；杜绝重大火灾和机械伤亡事故；职业病发病率为零；防止环境污染（噪声、尘毒、三废）达标率100%；特种作业人员持证上岗率100%；对新开工项目的施工人员进行安全三级教育培训工作达到100%；对新开工的施工劳动人员意外伤害保险办理达到100%。

三、施工组织设计

（1）总包单位一定在开工前制定好施工组织设计，且要通过甲方或监理方审批，保证施工现场安全生产。

（2）对一些专业性强、难度大的施工项目，单独编制专项安全施工组织设计，并呈报上级部门进行审批，未经审批的项目，不准施工。杜绝盲目的没有任何安全措施方案进行施工。

——预防高处坠落和物体打击事故：严格监督进入现场人员必须佩戴安全帽，高空作业人员必须佩戴安全带；在四口处（楼梯口、预留洞口、电梯井口、通道口）必须安装防护措施；保证高空作业的脚手架、平台、斜道、跳板等设施的坚固和稳定；严禁高空作业人员从高处抛投任何物料。

——预防坍塌事故：做好边坡或边坡支护工作，并做好周围的排水；脚手架的搭接应经过计算，做到科学合理，所用材料必须牢固；大型模板必须设垫木和拉杆，用插放架必须绑扎牢固及保持稳定；大型吊装构件在吊装摘钩前必须就位焊接牢固。

——预防机械伤害事故：必须严格按操作规程和劳保规定进行操作，按规定佩带防护用具；各种起重设备，应根据需要配备安全限位装置、起重量控制器、连锁开关等安全装置；起重机指挥人员和司机应严格遵守操作规程规定，不得违章作业；所有机械设备、起重机机具都要经常检查、保养和维修，保证其灵敏可靠。

——预防触电事故：健全用电管理制度，制定电气设施的安装标准、运行管理和定期检查制度，应编制临时用电施工组织设计，而且必须适合施工用电规范；根据施工组织和施工方案，订出具体用电计划，选用合适的变压器；做好电器设备的防护措施，采用安全电压；各种用电设备必须符合"一机一漏一闸一开一箱"的原则；设置电气技术专业安全监督检查员，经常检查施工现场和车间的电气设备，及时排除隐患；有计划有组织地培训各类电工、电器设备操作工、电焊工和经常与电气接触人员，学习安全用电知识和用电管理规程，严禁无证人员从事电气作业。

——预防中毒、中暑事故和职业性疾病：对职工中使用具有毒性的材料，要严加保管，限量使用，并做好防毒措施；严格遵守操作规程，对高温和夏季露天作业人员，要采取降温、通风和其他有效措施；项目部办的食堂必须有卫生许可证而且要达到疾控中心检查的标准；搅拌机应采取密封及排尘、除尘等措施，以减少水泥粉末的浓度，使其达到国家要求的标准；提高机械设备的精密度，并采取消声措施。

四、分部（分项）工程安全技术交底

（1）由项目部专职安全员和富有工作经验的工程专业人员，组织各班组人员对其进行各工种的安全技术交底。对一些特殊工种（如电工、电焊工、吊装工、气焊工、架工），除具有上岗证外，还应对他们进行安全技术方面的培训。

（2）在安全技术交底的过程中，要针对性强、全面，并且在交完底后让各施工人员签字，留做文字形式工地存档。

五、安全检查

（1）坚持定期召开安全会议，公司每月、项目部每周进行一次制度性安全大检查。项目部安全人员每天对施工现场进行巡检，记录下各班组的施工工艺和不安全因素，提出整改意见，督促项目进行整改。

（2）对发现有重大隐患的立即下发整改通知书。检查重点围绕高空作业、机械动力等方面进行，防止发生高处坠落、触电、机械伤人等事故，检查中发现问题和隐患，必须立即整改，确保安全施工，并完善书面签字，在安全问题上做到"令行禁止"。

六、安全教育

项目部应建立安全教育制度，在开工前对进入现场的每一个工人进行"三级安全教育"的培训，让工人能够充分了解安全教育的内容，使其在思想上认识到这是关系到自己生命安全的大事。将接受安全教育签字的人员名单收集起来，工地存档。

七、工伤事故处理

（1）项目部每天对在项目施工中受伤人员进行统计，建立工伤事故档案，并在当日25日前将情况上报给公司安全部门。

（2）对工伤事故产生的原因进行调查分析，追究主要负责人的责任。实施"四不放过"的原则（无三级安全教育、无防范措施、事故原因不清楚、责任追查不彻底），杜绝以后有类似状况的发生。

八、施工现场文明施工的要求

（1）推行现代化管理方法，科学组织施工，贯彻文明施工的要求，结合工程项目实际，制定项目部安全生产文明检查制度、消防管理制度和文明施工保证措施，做好施工现场的各项管理。

（2）认真贯彻宣传，执行国家安全生产文明施工法律、法规和强制性条文。

（3）现场成立文明施工领导小组，由项目经理挂帅现场文明施工，并且制定一套适合本工程特点的有关文明制度，使得项目管理人员必须明确"管施工必须管安全的原则"。

（4）按照施工总平面图布置图设置各项临时设施，堆放大宗材料、成品、半成品和机具设备，不得侵占场内道路及安全防护等设施。

（5）施工现场设置明显标牌，做到五牌一图齐全。标明工程项目名称、建设单位、施工单位、项目经理和施工现场总代表姓名、开竣工日期、施工许可证批准文号等。施工单位负责施工现场标牌的保护工作。施工现场的主要管理人员在施工现场应佩戴证明身份的证卡。

（6）施工现场用电线路、用电设施的安装和使用必须符合安装规范和安全操作规程，严禁任意拉线接电。施工现场必须设有保证施工安全要求的夜间照明、危险潮湿场所的照明以及手持照明灯具，必须采取符合安全要求的电压。

（7）做好施工现场安全保卫工作，设置专职办公人员24小时值班，采取必要的防盗措施，在现场周边设立围护设施，非施工人员不得擅自进入。

（8）食堂的卫生人员要到当地政府机关办理卫生许可证及相关的体检证件，将职工宿舍（食堂）、文明卫生纳入项目部的管理制度。

（9）控制施工现场的各种粉尘、废气、废水、固体废弃物以及噪声、振动对环境的污染和危害，清理施工垃圾，使用封闭容器、袋装，严禁随意凌空抛撒造成扬尘。施工垃圾要及时清运，清理时，适量洒水减少扬尘。

（10）混凝土输送泵、砂浆机在现场进行搅拌作业的必须在机械台前设置沉淀池，排放的废水要排入沉淀池内，经两次沉淀后，方可排入下水管道，未经处理的泛浆水，严禁直接排入排水设施。

（11）所有现场人员都要加强精神文明建设，遵守职业道德，减少施工对周围环境的影响，由专人负责公共关系协调，听取有关方面提出的意见和建议，虚心接受检查和批评，并在可能的情况下加以整改，满足有关部门要求，使工程能顺利进行。

第四节　竣工验收控制

房地产项目竣工验收就是指房地产项目经过承建单位的施工准备和全部的施工活动，已经完成了项目设计图纸和承包合同规定的全部内容，并达到了建设单位的使用要求，向使用单位交工的过程，它标志着项目的施工任务已经全面完成。

一、项目竣工验收资料

房地产项目竣工验收包括项目竣工资料和工程实体复查两部分内容，其中项目竣工资料包括以下内容。

1. 立项文件

立项文件包括项目建议书批复、项目建议书、可行性研究报告审批意见、项目评估文件、计划任务书批复、计划任务书、建设用地审批文件、动拆迁合同（或协议）、建设工程规划许可证等。

2. 竣工文件

竣工文件包括项目竣工验收的批复、项目竣工验收报告、安全卫生验收审批表、竣工验收单、卫生防疫验收报告单、工程消防验收意见单、人防竣工验收单、建设工程监督检查表、工程决算汇总表等，具体如图5-15所示。

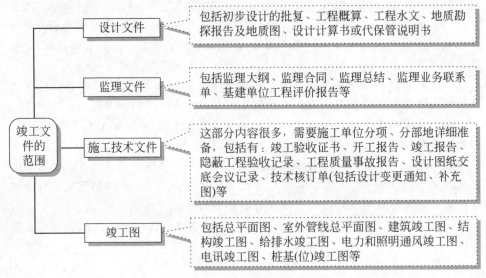

图5-15　竣工文件的范围

二、项目竣工验收的依据

房地产项目竣工验收的依据如图5-16所示。

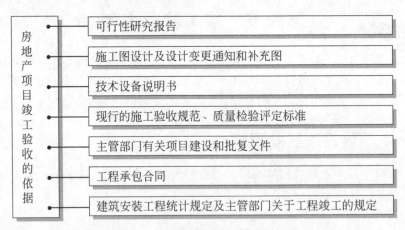

图5-16　房地产项目竣工验收的依据

三、项目竣工验收的条件

房地产开发项目竣工验收的条件如图5-17所示。

条件一	完成开发项目全部设计和合同约定的各项内容
条件二	有完整的技术档案和施工管理资料
条件三	有工程使用的主要建筑材料、建筑构配件和设备的进场试验报告
条件四	有勘察、设计、施工图审查机构、施工、监理等单位分别签署的质量合格文件
条件五	有施工单位签署的工程保修书
条件六	建设行政主管部门责令整改的问题全部整改完毕

图 5-17　房地产开发项目竣工验收的条件

四、房地产项目竣工验收各阶段的工作内容

房地产项目竣工验收的工作分 5 个阶段来执行，具体如下。

1. 施工收尾阶段

施工收尾阶段的工作内容如图 5-18 所示。

内容一	项目经理要组织有关人员逐层、逐段、逐部位、逐房间地进行查项，检查施工中有无丢项、漏项，一旦发现，必须立即交由专人定期解决，并在事后按期进行检查
内容二	保护成品和进行封闭，对已经全部完成的部位、查项后修补完成的部位，要立即组织清理
内容三	有计划地拆除施工现场的各种临时设施和暂设工程，拆除各种临时管线，清扫施工现场，组织清运垃圾和杂物
内容四	有步骤地组织材料、工具以及各种物资的回收、退库以及向其他施工现场转移和进行处理工作
内容五	做好电气线路和各种管线的交工前检查，进行电气工程的全负荷试验

图 5-18　施工收尾阶段的工作内容

2. 竣工准备阶段

竣工准备阶段的工作内容如图 5-19 所示。

3. 竣工预验阶段

（1）预验的标准应与正式验收一样，主要依据是：国家（或地方政府主管部门）规定的竣工标准；工程完成情况是否符合施工图纸和设计的使用要求；工程质量是否符合国家和地方政府规定的标准和要求；工程是否达到合同规定的要求

内容一	组织工程技术人员绘制竣工图，清理和准备各项需要向建设单位移交的工程档案资料，并编制工程档案资料移交清单
内容二	组织以预算人员为主，生产、管理、技术、财务、材料、劳资等人员参加或提供资料，编制竣工结算表
内容三	准备工程竣工通知书、工程竣工报告、工程竣工验收证明书、工程保修证书等
内容四	组织好工程自验(或自检)，报请上级领导部门进行竣工验收检查，对检查出的问题，应及时进行处理和修补
内容五	准备好工程质量评定的各项资料，主要按结构性能、使用功能、外观效果等方面，对工程的地基基础、结构、装修以及水、暖、电、卫、设备安装等各个施工阶段所有质量检查资料，进行系统的整理

图 5-19 竣工准备阶段的工作内容

和标准等。

（2）参加自检的人员，应由项目经理组织生产、技术、质量、合同、预算以及有关的施工工长（施工员、工号负责人）等共同参加。

（3）自检的方式，应分层分段、分房间地由上述人员按照自己主管的内容逐一进行检查，在检查中要做好记录。对不符合要求的部位和项目，确定修补措施和标准，并指定专人负责，限期修理完毕。

（4）复验，在基层施工单位自我检查的基础上，并对查出的问题全部修补完毕后，项目经理应提请上级（如果项目经理是施工企业的施工队长级或工区主任级者，应提请公司或总公司一级）进行复验（按一般习惯，国家重点工程、省市级重点工程，都应提请总公司级的上级单位复验）。通过复验，要解决全部遗留问题，为正式验收做好充分的准备。

4. 竣工初验阶段

施工单位决定正式提请验收后，应向监理单位送交验收申请报告，监理工程师收到验收申请报告后，应按工程合同的要求、验收标准等进行仔细的审查。监理工程师审查完验收申请报告后，若认为可以进行验收，则应由监理人员组成验收班子，对竣工的项目进行初验，在初验时发现的质量问题，应及时以书面通知或以备忘录的形式告诉施工单位，并令其按有关的质量要求进行修理甚至返工。

5. 竣工验收阶段

在监理工程师初验合格的基础上，便可由监理工程师牵头，组织业主、设计单位、施工单位等参加，在规定的时间内对房地产项目进行正式验收。

五、竣工验收档案

房地产项目竣工档案是工程在建设全过程中形成的文字材料、图表、计算材料、照片、录音带、录像带等文件材料的总称，它是工程进行维修、管理、改造的依据和凭证，也是竣工投产交付使用的必备条件。项目竣工验收以后，应及时将竣工验收资料、技术档案等移交给生产单位或使用单位统一保管，包括项目交工技术档案和竣工技术档案两大类。

1. 项目交工技术档案

项目交工技术档案包括如图 5-20 所示的内容。

- 项目材料、构配件和设备质量合格证明
- 项目隐蔽工程验收记录
- 项目混凝土、砂浆和沥青砂浆试块的试压报告
- 项目施工图纸会审记录和设计变更通知单

- 项目定位测量记录，以及项目沉降和变形观测记录
- 项目质量测量评定和事故处理资料
- 项目设备调压、试压和试运转记录
- 项目全部竣工图纸及其有关资料
- 项目未完工程中间交工验收记录
- 项目开工和竣工报告以及竣工证明

图 5-20　项目交工技术档案的内容

2. 项目竣工技术档案

项目竣工技术档案是承建单位积累施工经验的技术资料，其内容除了包括竣工技术档案全部资料外，还要包括如图 5-21 所示的内容。

内容一	项目施工规划、单位工程施工规划和施工经验总结
内容二	项目技术革新试验记录
内容三	重大质量或安全事故档案；原因分析和补救措施记录；所采用的重要技术措施
内容四	项目重要技术决定，以及引进技术实施记录
内容五	项目各种混凝土和砂浆配合比资料
内容六	项目施工日记
内容七	项目冬期和雨期施工技术组织措施
内容八	项目施工技术管理经验总结

图 5-21　项目竣工技术档案的内容

六、竣工验收的步骤

竣工验收可分为三个阶段进行，具体如下。

1. 单项工程验收

单项工程验收是指在一个总体建设项目中，一个单项工程或一个车间已按设计要求建设完成，能满足生产要求或具备使用条件，且施工单位已预验，监理工程师已初验通过，在此条件下进行的正式验收。

（1）由几个建筑安装企业负责施工的单项工程，当其中某一个企业所负责的部分已按设计完成，也可组织正式验收，办理交工手续，交工时应请总包施工单位参加，以免相互耽误时间。

比如，自来水厂的进水口工程，其中钢筋混凝土沉箱和水下顶管是基础公司承担施工的，泵房土建则由建筑公司承担，建筑公司是总包单位，基础公司是分包单位，基础公司负责的单体施工完毕后，即可办理竣工验收交接手续，请总包单位（建筑公司）参加。

（2）对于建成的住宅可分幢进行正式验收。

比如，一个住宅基地一部分住宅已按设计要求内容全部建成，另一部分还未建成，可将建成具备居住条件的住宅进行正式验收，以便及早交付使用，提高投资效益。

2. 单位工程验收

单位工程验收是指整个建设项目已按设计要求全部建设完成，并已符合竣工验收标准，施工单位预验通过，监理工程师初验认可，由以建设单位为主，有监理、设计、施工等单位参加的正式验收。在整个项目进行单位工程验收时，对已验收过的单项工程，可以不再进行正式验收和办理验收手续，但应将单项工程验收单作为单位工程验收的附件而加以说明，具体要求如图 5-22 所示。

要求一	项目经理介绍工程施工情况、自检情况以及竣工情况，出示竣工资料(竣工图和各项原始资料及记录)
要求二	监理工程师通报工程监理中的主要内容，发表竣工验收的意见
要求三	业主根据在竣工项目目测中发现的问题，按照合同规定对施工单位提出限期处理的意见
要求四	暂时休会，由质检部门会同业主及监理工程师讨论工程正式验收是否合格
要求五	复会，由监理工程师宣布验收结果，质监人员宣布工程项目质量等级

图 5-22 单位工程验收的要求

3. 办理竣工验收签证书

竣工验收签证书必须有三方的签字方可生效。

下面提供一份××房地产企业项目工程交付验收办法的范本，供读者参考。

【实战范本】××房地产企业项目工程交付验收办法

××房地产企业项目工程交付验收办法

1　目的

　　规范项目工程在竣工验收的基础上进行交付验收的工作方法和验收标准。

2　适用范围

　　本作业指引适用于所有项目工程的交付验收工作。

3　定义和缩写

　　交付验收：工程部在接收总包施工单位交付房屋时，以安全、质量和满足使用功能为主的验收，内容包括资料、房屋本体、道路、公建配套、设施设备、绿化景观等。

4　职责

4.1　工程部负责本指引的制定、修改、指导和监督。

4.2　工程部按有关验收标准进行验收，建立书面验收档案，对不合格项目督促相应施工单位整改并负责消项记录。

4.3　施工单位自检合格后，报监理、甲方工程部验收，对不合格项目落实整改工作，负责在规定的交付日期前达到交付标准。

4.4　工程部组织监理、总包施工单位按交付标准进行入伙前检查。

5　工作步骤

5.1　施工单位按交付验收标准应具备的条件和应提交的资料提前做好房屋交付验收准备，在入伙日期之前三个月左右工程部通知总包施工单位进行交付验收。

5.2　监理单位督促施工单位做好交付验收计划，经监理单位审核通过后，报甲方工程部，并将计划抄送工程部备案。

5.3　施工单位于约定的时间配合监理单位、工程部按照计划开始按《新建房屋验收表》、《小区公共绿化验收单》、《小区公共设施及道路设施验收单》所列项目进行逐项验收，要求在十五个工作日内完成。

5.4　如验收有不合格的项目，监理单位签发《质量问题整改通知单》，并抄送工程部；对所列返修项目，施工单位于规定日期内返修完毕交与监理单位、工程部复验直至合格。一般要求在十个工作日内完成，单位工程验收工作应控制在入伙前二个月完成。返修复验由施工单位提出，随时提出，监理单位、工程部随时复验。

5.5　工程部将交付验收结果及时反馈总经办，对于不能及时整改或多次整改仍不合格的质量问题要及时与客户服务中心取得沟通，并制定统一解决方案。工程部组织监理、总包施工单位按交付标准进行入伙前检查。

6　交付验收标准

6.1　资料。交付验收必备资料具体见下表。

交付验收必备资料

序号	资料类别	资料细目
1	产权资料	(1)用地批准资料 (2)项目批准资料 (3)施工许可证
2	技术资料	(1)住宅区规划图、小区竣工总平面图 (2)所有单体建筑、结构、设备安装竣工图 (3)单位工程竣工验收证明书 (4)地质勘探报告、沉降观察记录 (5)地下管网竣工图 (6)所有设备订货合同、产品合格证、随机资料(使用说明书、检验报告)、随机专用工具清单 (7)电缆铺设记录 (8)线路及电力电缆试验记录 (9)发电机、电动机检查试运转记录 (10)电气设备试验调整记录 (11)电气设备绝缘检查 (12)电气设备送电验收记录 (13)防雷接地电阻检测记录 (14)防雷引下线焊接记录 (15)水、卫生器具检验合格证 (16)通风机风量测量调整记录 (17)空调器性能测定调整记录 (18)环保达标验收许可证 (19)消防验收许可证 (20)房屋测绘验收资料 (21)房屋验收记录 (22)绿化平面图

6.2 房屋检验标准。

6.2.1 主体结构检验标准：符合工程建设主体结构验收程序，以房屋竣工验收合格证明文件为依据。

6.2.2 住户室内土建部分质量和功能检查标准见下表。

住户室内土建部分质量和功能检查标准

序号	验收项目	检查标准
1	内墙面	(1)表面平整光滑，阴阳角方正顺直，无明显抹纹，接槎平整，无空鼓开裂，批嵌细腻，无脱皮 (2)预留洞、槽、管道等色泽一致，尺寸正确，方正、整齐、光滑 (3)墙表面细裂缝空鼓处，经修补后应保持与原墙面色泽一致，无修补痕迹

续表

序号	验收项目	检查标准
2	顶棚(层高)、开间尺寸	(1)验收标准基本同内墙面 (2)顶棚在平整度的基础上水平,观感质量良好
3	地坪	(1)地坪表面平整,水泥颜色一致,清洁干净,无污染,无开裂空鼓,表面无麻面,不起砂 (2)地坪2m靠尺和塞尺检查平整度允许偏差小于4mm (3)踢脚线平整顺直,高度一致,无空鼓开裂,与墙面结合牢固,上下接槎平整,分色清楚
4	进户门、电表箱门	(1)门扇开启灵活,不碰擦,无自开、自关、回弹现象 (2)表面平整,光洁无雀丝、划痕、毛刺、锤印和缺、断角 (3)门框与墙体间砂浆填嵌饱满均匀;框的正、侧面垂直;门锁、拉手、插销、小五金、门碰头安装齐全,无遗漏,安装位置准确
5	阳台	(1)墙面平整无空鼓开裂,大墙角、阴角挺拔通直,表面无明显射影和波纹,阴阳角清晰不含糊;涂料均匀,无色差、无接痕、无污染 (2)地坪除符合楼地面要求外,不倒泛水,无积水、无渗漏、无空鼓开裂 (3)阳台栏杆表面无明显凹面和损伤,划痕不超过0.5mm,栏杆整齐一致,位置正确,阳台挂落线宽度一致,出底板高度一致 (4)阳台立管清洁无污染
6	卫生间、厨房间	(1)墙面细沙批嵌粗细一致,平整清洁,纹路上下顺直,无裂缝,不起壳,地坪平整 (2)卫生间地面48小时渗水试验,以水覆盖满地面为准,达到不渗不漏 (3)各出水管道灌水通球试验,每根管道试验2分钟
7	门窗	(1)门窗开启灵活,无倒翘、阻滞及反弹现象,五金配件齐全,位置正确 (2)门窗框扇表面外观洁净,无划痕、碰伤、拉毛现象;滑槽内无垃圾,排水孔通畅,玻璃表面洁净,无划伤,无气泡,双层玻璃夹层内无灰尘和水汽,双玻隔条横平竖直,不翘曲 (3)硅胶槽顺直,槽口方向、宽度、深度符合设计要求,硅胶施放均匀,边缘整齐,圆弧光滑
8	外墙	(1)墙面平整无空鼓开裂,细沙批嵌均无明显接槎,涂料均匀,无色差、无接痕、无污染 (2)外墙无渗漏水
9	屋面	(1)各类房屋排水畅通,无积水、不渗漏 (2)坡、平屋面应有隔热保温措施,三层以上房屋在共用部位应设置屋面检修孔 (3)阳台和三层以上房屋的屋面应有组织排水,出水口、檐沟、落水管应安装牢固、接口严密、不渗漏

6.2.3 给排水、电器部分检查标准见下表。

给排水、电器部分检查标准

序号	验收项目	检查标准
1	给水管	(1)水表安装位置正确、平整,给水阀门的位置准确,开关严密、灵活 (2)所有给水管(含热水管)都有试压报告和验收记录,管道无渗漏
2	排水管	(1)排水管每层洁具留口位置准确,厨房、卫生间地漏高出地坪 0.5~1cm,阳台地漏低于地表面 0.5cm (2)检查口位置正确,清扫方便 (3)有灌水通球试验无渗无漏记录,排水通畅
3	空调、雨落管	(1)按规范安装伸缩节,伸缩节安装高度应统一 (2)管道支承件的间距应统一,立管 $\phi75$ 以上的支承件间距不大于 2m (3)雨落管口与排水明沟中心、月亮弯中心三点成一线 (4)所有管道不堵不漏,排水通畅
4	煤气管	(1)煤气管明敷,离墙面 3.5~4cm,煤气管每层加套管,套管高出地坪 8~10cm,安装位置准确牢固 (2)管道安装完毕后应将接口和管壁清理干净,作防腐处理
5	开关、插座(含电视机、电话)	(1)线材色标合理,接线正确,左零右相,相线为红线,零线为兰线,接地为黄绿双色线,接地接触紧密 (2)开关、插座面板并列安装高差允许偏差 0.5mm;每户内面板高差允许偏差 5mm;面板的垂直度允许偏差 0.5mm (3)用户箱内标识正确
6	避雷带	有全面测试接地电阻符合设计要求阻值的检测和验收记录,无明确时应小于 10 欧姆
7	配电箱	(1)元件齐全,接地正确,线材色标正确,排列清楚,接触严密(相线为红线、黄线、绿线,零线为兰线,接地线为绿黄双色线) (2)配电箱盘面垂直

6.2.4 室外公建工程检查标准见下表。

室外公建工程检查标准

序号	验收项目	检查标准
1	室外排水工程	(1)窨井布置合理,出水口四周封闭紧密,粉刷符合要求 (2)各类窨井盖完整无缺,无翘裂、断裂、变形,易于开启 (3)管道应顺直且排水通畅,有闭水试验和冲水试验的验收记录 (4)管路及窨井中无建筑垃圾

续表

序号	验收项目	检查标准
2	行车道路和停车位、自行车棚	(1)行车路面应无裂纹、脱皮、麻面和起砂等缺陷 (2)行车路面的纵缝、横缝必须沿全长作通,纵缝和横缝必须贯通,允许偏差:纵缝 20m 长度内不得大于 20mm,横缝在路面宽度内不得小于 10mm (3)混凝土道路割缝平整,伸缩缝处油膏灌缝密实平整,油漆完成,美观 (4)路面平整,坡度符合设计要求,经泼水试验无积水现象 (5)植草砖铺设平整,无残缺,无积水现象,路缘石和车位分线合理 (6)房屋入口处必须做室外道路,与主干道相通,路面泼水后无积水、空鼓和断裂现象 (7)自行车棚等室外构筑物、设施满足设计要求和使用功能,相关资料齐全,并经验收合格
3	小区景观	(1)小区内道路平整,道板砖铺设整齐,无松翘,分界处层次清晰,集水井分布合理,路面和绿地无积水现象,休闲娱乐设施完好,有验收合格证明 (2)绿化用水试压符合要求,水表及保护设施安装符合要求,水龙头处排水通畅,无积水 (3)室外照明系统设计和施工满足管理需要,线路绝缘通电性能良好
4	绿化	(1)植物数量、品种、规格符合设计合同要求,提供竣工图纸,进沪植物材料应有"植物检疫表"及苗木出圃单,基本无黄土裸露,并落实保修、包活责任和期限 (2)土地平整及施肥:排水坡恰当,无杂草根、茎,花坛施腐熟基肥 (3)草坪:间铺、点铺草坪,大小一致、均匀,草块与土壤密结,平整;铺设完成,做到不露土层 (4)切草边:线条清晰,平顺自然 (5)花坛、草本地被:高矮、密度符合设计要求,株行距均匀,种植深度恰当,根部捣实 (6)定向及排列:树木朝向的主要视线应丰满完整、生长好、姿态美 (7)垂直度、支撑、绕杆:材料、高度、方向及位置应整齐划一

6.2.5 设备验收标准见下表。

设备验收标准

序号	验收项目	检查标准
1	水泵房土建	(1)顶棚、墙面、地坪、门窗门锁符合要求 (2)水泵四周排水沟及总排水沟能正常使用 (3)防噪声:措施合理有效
2	水箱	(1)附属设施齐全:内外爬梯、透气孔(帽) (2)管道同墙体接触处无渗漏 (3)水箱内外垃圾清理干净

续表

序号	验收项目	检查标准
3	设备安装电气控制柜	(1)安装牢固,便于操作和维修 (2)电气控制柜内器件及配线符合规范,接线端线路标识清楚,铭牌规范 (3)电气控制柜的控制各种功能同实际运转设备相匹配 (4)建筑室外控制线同控制柜接口有保护装置 (5)控制柜前绝缘毯完好 (6)联动负荷试车合格
4	水泵及电动机	(1)水泵电动机安装符合规范,启动和运行平稳,无异响 (2)电动机和水泵运转时,各部件发热正常 (3)电动机接线符合规范,且端口有保护措施 (4)各种部件无异常,各项技术指标符合规范要求 (5)档案资料齐全:完整竣工图纸同现场安装一致,隐蔽工程、试运转记录、性能检测记录齐全,控制柜的原理图、接线图、变更图、操作说明书齐全,合同复印件、各部件产品的合格证、厂家和施工单位的详细联系电话等齐全
5	阀门	(1)阀门开关完好、灵活 (2)标识清晰、正确
6	电气仪表	(1)安装符合规范,便于观察和维修 (2)仪表读数正确,偏转流畅,无卡塞现象 (3)电线敷设布局合理
7	报警装置	(1)报警功能准确:底水位、高水位、超水位均能报警 (2)缺水有自动保护,切断电机运转,并报警
8	照明	(1)日常照明安装符合要求 (2)应急照明功能良好,位置合理
9	其他	(1)支架安装合理,减震措施得当,管道油漆和标识指示符合规范 (2)水压试验及保温、防腐措施符合要求:设备、管道不应有跑、冒、滴、漏现象 (3)维护用工具仪器、仪表及维护备件齐全
10	电梯验收	(1)电梯安全部门出具的认可文件或者准许使用文件齐全 (2)电梯各项功能正常:能准确地启动、运行、选层、平层、停层,电引机的噪声和震动声不得超过 GBJ 232 的规定值,制动器、限速器及其他安全设备应动作灵敏可靠,辅助实施如空调等正常,外观和装饰面完好无损或保护措施良好,维护用工具仪器、仪表及维护备件齐全 (3)档案资料齐全:完整竣工图纸同现场安装一致,隐蔽工程、试运转记录、性能检测记录齐全,控制柜的原理图、接线图、变更图、操作说明书齐全,合同复印件、各部件产品的合格证、厂家和施工单位的详细联系电话等齐全 (4)在验收时应提供下列资料和文件:电梯类别、型号、驱动控制方法、技术参数和安装地点;制造厂提供的随机文件和图纸;电梯检查及电梯运行参数记录

续表

序号	验收项目	检查标准
11	消防设施	(1)有消防部门检验合格证 (2)消防泵和外围设备联动正确 (3)消防设备齐全,功能正常(消防箱、小区内消防分区阀门、消防结合器、泄压阀、安全阀等) (4)维护用工具仪器、仪表及维护备件齐全 (5)消防紧急照明和疏散指示灯正常 (6)档案资料齐全 (7)完整竣工图纸同现场安装一致 (8)隐蔽工程、试运转记录、性能检测记录齐全 (9)控制柜的原理图、接线图、变更图、操作说明书齐全 (10)合同复印件 (11)各部件产品的合格证、厂家和施工队的详细联系方式齐全
12	弱电系统(有线电视、电话、网络)机房	(1)排线美观,设备机架布局合理,符合规范,便于操作和维修保养 (2)主、备用电源工作正常,能互相自动切换 (3)各设备运行正常 (4)抗干扰和抗静电、防小动物等防护措施完好 (5)档案资料齐全:隐蔽工程、试运转记录、性能检测记录齐全,控制柜的原理图、接线图、变更图、操作说明书齐全,合同复印件、各部件产品的合格证、厂家和施工队的详细联系方式齐全(因上述设备产权归相关部门,他们负责维修及故障排除,物业掌握相关资料即可)
13	分质供水设备	(1)有卫生部门检验合格证 (2)系统设备齐全,运行正常,随机抽查,处理过的水质达到国家标准 (3)附属设施完好(泄压阀、安全阀等) (4)维护用工具仪器、仪表及维护备件齐全 (5)紧急照明和疏散指示灯正常 (6)档案资料齐全:完整竣工图纸同现场安装一致,隐蔽工程、试运转记录、性能检测记录齐全,控制柜的原理图、接线图、变更图、操作说明书齐全,合同复印件、各部件产品的合格证、厂家和施工队的详细联系电话单等齐全
14	游泳池设备	(1)有安全、卫生部门检验合格证 (2)泳池水泵房和管道安装检查标准(参见水泵房标准) (3)游泳池设备及附属设施齐全,运行正常 (4)维护用工具仪器、仪表及维护备件齐全 (5)游泳池设备房紧急照明正常 (6)档案资料齐全:完整竣工图纸同现场安装一致,隐蔽工程、试运转记录、性能检测记录齐全,控制柜的原理图、接线图、变更图、操作说明书齐全,合同复印件、各部件产品的合格证、厂家和施工队的详细联系电话单等齐全

6.2.6 安防系统。

(1) 各分项系统有安防部门检验合格证明。

(2) 各分项系统运行正常,验收标准见下表。

各分项系统验收标准

序号	验收项目	检查标准
1	可视对讲系统	(1)能实现三方通话功能,通话时声音清晰,无杂音干扰 (2)室内机和中心机开锁功能正常 (3)图像清晰,无杂波
2	闭路电视监控系统	(1)图像清晰,无杂波(能看清人员样貌、车牌号) (2)能随意观察任意图像 (3)各种录像功能正常 (4)图像再现功能正常,不能失帧 (5)同报警联动正常 (6)各监控点设置布局合理,和环境协调
3	电子巡更系统	(1)巡更器牢固可靠,适应各种恶劣环境 (2)巡更点安设牢固,比较隐蔽 (3)巡更管理软件编写和更改工作正常 (4)信息存取和打印工作正常
4	一卡通管理系统	(1)IC卡开启门锁和道闸功能正常 (2)IC卡的开门权限及根据时间、卡号、姓名、门锁号等条件通过电脑软件查询并打印如各门锁开启情况、IC卡发行或使用情况、用户资料等操作正常 (3)车辆管理程序符合管理需要,车辆进出情况电脑自动记录图像清晰,时间和计费准确
5	周界防越系统	(1)红外线触动报警位置准确,反应时间20秒 (2)报警时联动拍摄录像,沙盘显示正常,本系统电脑自动保存
6	安防设备机房	(1)控制柜布局合理,便于保安操作和维修保养 (2)主备用电源工作正常 (3)防护措施完好

6.2.7 商铺。

(1) 每个商铺应有独立的供电、供水、排水系统,水电表安装在方便抄表的位置。

(2) 应综合考虑预留商铺广告牌的安装位置。

(3) 商铺消防应符合消防要求,应有疏散指示灯、消防平面图,配置足够的灭火器材等消防设施。

(4) 应设置垃圾桶。

(5) 公共通道应采用节能灯。

6.2.8 管理用房验收标准。

(1) 管理用房面积按照当地法规要求测算，法规无要求的，按物业总建筑面积千分之三至千分之四比例提供物业管理专用房屋，不足50平方米的按50平方米计。

(2) 位置：尽量设置在住宅区中心部位，方便住户。

(3) 竣工日期：在向住户发钥匙前30天。

6.2.9 有关居委会用房规定（政府文件）。

(1) 面积：按10户1平方米标准考虑（不少于150平方米）。

(2) 位置：在物业管理用房附近。

6.2.10 物业管理办公用房装修标准，必须保证物业管理办公用房能够正常使用，即满足以下条件。

(1) 地面：水磨石地面或国产防滑地砖地面。

(2) 墙面：国产乳胶漆墙面。

(3) 顶棚：型钢T型龙骨，石膏板吊顶。

(4) 门：普通实木门，局部可用铝合金门。

(5) 窗：铝合金或塑钢窗。

(6) 水、电、气相关设备：采用一般的国产设备。

(7) 前台木制收银柜台、各办公房功能隔断（砖砌、木制或铝合金隔断）、木制住户钥匙柜、办公低柜等。

第六章 工程监理管理

第一节　招标阶段的监理管理
第二节　施工阶段的监理管理
第三节　合同履行阶段的监理管理

工作指引

　　房地产工程项目是一个复杂的系统工程,它在建设过程中需要消耗大量资源、能源,实施工程项目全过程监理是在工程项目建设过程中,减少资源能源耗费、优化资源配置、提高资源利用率的重要手段和方法。

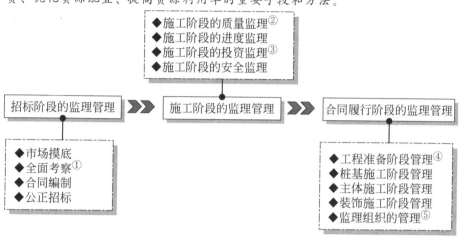

【图示说明】

　　① 为详细了解各公司情况,工程总监应制订详尽的考察计划,考察各家公司的总部、监理现场,与公司领导层和拟派总监等人员进行座谈,从各方面对被考察对象做详细考察。

　　② 在施工阶段推行以动态控制为主、事前预防为辅的管理办法,主要抓住事先指导、事中检查、事后验收三个环节。

　　③ 建筑工程施工阶段的投资控制时间较长,而且会受到一些因素的影响。作为工程总监,可从组织措施、经济措施、技术措施及合同措施上做好施工阶段的投资监理管理,保证施工的成本和进度。

　　④ 桩基施工的质量要求较高,因此监理必须有足够力度监理整个施工过程。对此,要求监理公司调配专业桩基监理工程师,并配备足够监理员进驻现场,以保证 24 小时的现场监管。

　　⑤ 房地产企业首先从项目监理部的人员着手,加强对其作息制度的管理,要求上下班打卡,建立 24 小时值班制,严格日报制度,对不能达到要求的人员坚决调换,同时下发企业对工程管理的相应资料,严格要求监理执行开发商体系,并在工作中与其加强沟通,对其薄弱处进行指导,引导他们从被动监理向主动监理进行转化。

第一节　招标阶段的监理管理

　　为了选择一个良好的监理伙伴,打好日后工程管理的基础,首先要加强对监理单位招投标的管理，这一阶段可按市场摸底、全面考察、合同编制、公正招标四个步骤来操作。

一、市场摸底

　　房地产开发商新进入某个城市，为了对该市的监理现状做到心中有数，工程总监可以通过政府了解、上网查询、市场走访等手段，从而了解到当地监理公司的分类情况、近年市场占有情况、获奖工程和事故工程情况等，依据高起点的原则，选择多家监理单位作为合作的对象，划出选择范围。

二、全面考察

　　为详细了解各公司情况，工程总监应制订详尽的考察计划，考察各家公司的总部、监理现场，与公司领导层和拟派总监等人员进行座谈，分别从公司整体情况、拟派总监情况、拟派监理工程师情况、监理实物情况、监理资料情况、监理设备情况等各个方面做详细考察。同时对开发商管理思路向被考察对象进行介绍，通过双方沟通，考察对方的认识程度和合作意愿，在此基础上可最终确定几家监理单位入围。

　　下面提供一份××房地产企业对监理单位考察办法的范本，供读者参考。

【实战范本】××房地产企业监理单位考察办法

××房地产企业监理单位考察办法

　　一、考察目的
　　(1) 扩大监理单位选择范围，合理选择拟邀请参加投标的监理企业。
　　(2) 在招标阶段，对投标企业的总体情况进行评价，确保选择胜任的中标企业。
　　(3) 正确评价在建项目的监理单位，实现优胜劣汰。
　　二、考察的范围
　　(1) 有可能与本公司建立承建关系，并具有与其所承担的工程相应的监理能力和资质的监理企业。
　　(2) 在建项目上的监理企业。
　　三、组织与职责
　　对监理单位的考察由评审小组负责组织实施，评审小组的成员包括管理、工程、造价、财务等人员，人数为5人以上。各相关部门的职责如下。
　　1. 公司领导
　　(1) 审批拟邀请参加投标的监理企业名单。
　　(2) 审查评标委员会推荐的候选中标企业，并最终确定中标企业。
　　2. 工程部

(1) 是考察、评价监理企业的重点管理部门。

(2) 获取监理企业的经验、管理水平、技术水平、监理质量等信息并进行评价。

3. 造价采购部

(1) 负责对监理企业的资信进行调查。

(2) 负责建立信息收集和处理制度，按总经理审批的监理企业名单建立合格监理企业名册和工程档案。

4. 计划财务部

负责对监理企业财务情况进行评价。

四、考察方式

(1) 我司与监理单位领导及主要技术、经济人员进行当面沟通。

(2) 要求监理单位填报一些资料报表，披露各类信息并提供书面证据。

(3) 对监理单位的竣工工程和在建工程进行实地考察。

(4) 向监理单位提供拟建项目的信息后，进一步考察：拟派的总监理工程师、专业监理工程师的管理能力与技术能力；主要监理方法；质量、工期保证措施。

(5) 与其他房地产开发企业接触，获取其开发项目上监理单位的评价信息。

(6) 从监理单位监理项目的物业公司、业主委员会获取工程质量等相关信息。

五、考察准备工作

(1) 拟建项目概况：项目位置、地质与地貌、气候与水文、交通、电力供应与其他服务、建筑工程、结构物、管理站房、安装工程、标段划分、建设工期、设计规范简介（附主要技术指标表）、各标段主要工程数量（列出初步工程量清单）。

(2) 要求监理单位填报一些资料报表和其他具体要求。

六、考察重点

(一) 办公室

(1) 办公场所：是否与营业执照上的一致。

(2) 资质证书：是否符合工程监理资质等级的要求，该证书是否在规定时间内进行了年检。

(3) 营业执照：经营范围、营业执照期限、注册资本、注册场所。

(4) 监理合同：类似项目的监理合同原件，正在建设的类似项目情况。

(二) 项目现场

1. 质量控制

(1) 结构施工及地下室防水的相关专项方案的建议、审批情况。

(2) 深基坑工程：对本工程支护方案的建议、锚索施工的选用及质量控制措施、相关方案优化建议、重点难点的处理意见。

(3) 加固工程：相关加固工程的经验、重点控制部位及质量的控制措施。

(4) 处罚案例：对工程现场出现的质量问题及质量事项的处罚措施，并提供相关的资料证明。

(5) 装修工程：对装修工程质量控制的重点、关键要点的方法，装修问题出现后的处理措施。

(6) 景观工程：对大型综合体项目景观质量的控制措施、监理重点的分析和相关的建议。

(7) 现场实际管理的质量查看，质量通病的存在情况。

2. 进度控制

(1) 进度计划：对主项计划编制，甚至是全景计划的编制是否到位，并实时监督和跟踪；进度出现偏差的处理措施、案例。

(2) 阶段计划：工程现场的季度、月度、周计划的编制及跟踪落实情况。

(3) 工期处理：对出现工期延误的处理措施、相关案例。

3. 成本控制

(1) 进度款审查：施工单位上报的工程进度款的审查方法，上报进度与现场实际完成量不符的处理措施。

(2) 不合格产品处理：对施工单位上报的工程进度款中不合格产品的处理方式、实际案例，及相关的现场处理措施。

(3) 变更签证：现场产生的变更签证的审核方法、变更确认的时间要求、对施工单位虚报签证工程量的处理方式。

(4) 洽商管理：对出现的重大变更的洽商方法、过程洽商的建议与如何协助开发商处理难洽商的变更。

4. 文明施工、安全管理

(1) 特种作业人员：检查人员是否持证上岗、不合格人员的处理方式。

(2) 作业机械：如何检查各种作业机械的安全情况、出现问题的处理措施。

(3) 深基坑工程：深基坑工程的安全控制重点、难点、出现问题的应急措施；过程如何处理。

(4) 安全规程：安全规程的交底情况、过程检查整改情况。

(5) 对我公司情况的建议：针对本项目的实际情况，对安全方面有何建议、重点控制要点是什么、过程如何监督管理。

(6) 如何管理现场的文明施工，如出现文明施工问题的应对措施。

(7) 安全检查的方法、周期、整改措施。

5. 文件、图纸管理

(1) 台账：如何建立图纸及文件管理台账、由谁负责建立、如何监督与改善。

(2) 图纸管理：如何下发图纸；对出现多次变更的图纸如何管理，如何监督施工单位施工图纸的管理问题；出现图纸管理问题如何处理；在办公室的图纸如何让下面工程师管理并不产生混乱现象。

（3）图纸标识：如何在图纸上标识相关的变更，现场查看图纸的管理、标识情况。

（4）监理资料：查看相关的监理大纲、监理规范、监理实施细则等。

6. 协调能力

（1）各施工单位的协调：如何协调各施工单位；出现各单位协调困难如何处理；如何调动下面各监理工程师的协调主动性、能力。

（2）与建设单位的协调：如何落实建设单位的各项要求，过程中如何能让建设单位放心并轻松管理现场；当出现建设单位现场管理人员与监理工程师管理问题时如何处理；工程管理中哪些措施有利于建设单位。

（3）与政府关系：如何协调与政府间的关系；如何利用与政府间的关系帮助建设单位协调相关难题。

7. 仪器配备

现场仪器的配备情况；出现质量问题而监理无相关检测仪器的处理方法。

七、评价施工单位的方法

我司根据施工单位提供的信息资料，首先根据"合格条件标准"和"附加合格标准"对施工单位进行评判，如通过上述两个标准，则进入下一步的评审——综合评审。

三、合同编制

精心编制标书和合同，确立合作基础，在合同中明确管理的要点，诸如总监及监理人员的要求、质量目标的要求、进度目标的要求、安全文明目标的要求、资料管理的要求、渗漏及其他质量通病的防治要求、客户投诉的要求等，而每项要求的各个目标都要有明确详细的奖惩措施，做到尽可能的周密详尽。

下面提供一份监理合同的范本，供读者参考。

【实战范本】××房地产企业建设工程监理合同

建设工程监理合同

住房和城乡建设部
国家工商行政管理总局　　制定

第一部分　协议书

委托人（全称）：＿＿＿＿＿＿＿＿＿＿＿＿＿＿＿＿＿＿＿＿＿

监理人（全称）：＿＿＿＿＿＿＿＿＿＿＿＿＿＿＿＿＿＿＿＿＿

根据《中华人民共和国合同法》《中华人民共和国建筑法》及其他有关法律、法规，遵循平等、自愿、公平和诚信的原则，双方就下述工程委托监理与相关服务事项协商一致，订立本合同。

一、工程概况

(1) 工程名称：_____。
(2) 工程地点：_____。
(3) 工程规模：_____。
(4) 工程概算投资额或建筑安装工程费：_____。

二、词语限定

协议书中相关词语的含义与通用条件中的定义与解释相同。

三、组成本合同的文件

(1) 协议书。
(2) 中标通知书（适用于招标工程）或委托书（适用于非招标工程）。
(3) 投标文件（适用于招标工程）或监理与相关服务建议书（适用于非招标工程）。
(4) 专用条件。
(5) 通用条件。
(6) 附录。

附录A：相关服务的范围和内容。
附录B：委托人派遣的人员和提供的房屋、资料、设备。

本合同签订后，双方依法签订的补充协议也是本合同文件的组成部分。

四、总监理工程师

总监理工程师姓名：_____。身份证号码：_____。注册号：_____。

五、签约酬金

签约酬金（大写）：_____（¥_____）。

包括以下费用。

(1) 监理酬金：_____。
(2) 相关服务酬金：_____。
——勘察阶段服务酬金：_____。
——设计阶段服务酬金：_____。
——保修阶段服务酬金：_____。
——其他相关服务酬金：_____。

六、期限

1. 监理期限

自_____年____月____日始，至_____年____月____日止。

2. 相关服务期限

(1) 勘察阶段服务期限自_____年____月____日始，至_____年____月____日止。

(2) 设计阶段服务期限自_____年____月____日始，至_____年____月____日止。

（3）保修阶段服务期限自＿＿＿＿年＿＿月＿＿日始，至＿＿＿＿年＿＿月＿＿＿日止。

（4）其他相关服务期限自＿＿＿＿年＿＿月＿＿日始，至＿＿＿＿年＿＿月＿＿＿日止。

七、双方承诺

（1）监理人向委托人承诺，按照本合同约定提供监理与相关服务。

（2）委托人向监理人承诺，按照本合同约定派遣相应的人员，提供房屋、资料、设备，并按本合同约定支付酬金。

八、合同订立

（1）订立时间：＿＿＿＿年＿＿月＿＿日。

（2）订立地点：＿＿＿＿＿＿＿＿＿＿＿＿＿＿＿＿＿＿＿＿＿＿＿＿＿。

（3）本合同一式＿＿＿＿份，具有同等法律效力，双方各执＿＿＿＿份。

委托人：＿＿＿＿＿＿（盖章）　　　　委托人：＿＿＿＿＿＿（盖章）

住　所：＿＿＿＿＿＿＿＿＿＿　　　　住　所：＿＿＿＿＿＿＿＿＿＿

邮政编码：＿＿＿＿＿＿＿＿＿　　　　邮政编码：＿＿＿＿＿＿＿＿＿

法定代表人或　　　　　　　　　　　　法定代表人或

其授权的代理人：＿＿＿签字　　　　　其授权的代理人：＿＿＿签字

开户银行：＿＿＿＿＿＿＿＿　　　　　开户银行：＿＿＿＿＿＿＿＿

账　号：＿＿＿＿＿＿＿＿＿＿　　　　账　号：＿＿＿＿＿＿＿＿＿＿

电　话：＿＿＿＿＿＿＿＿＿＿　　　　电　话：＿＿＿＿＿＿＿＿＿＿

传　真：＿＿＿＿＿＿＿＿＿＿　　　　传　真：＿＿＿＿＿＿＿＿＿＿

电子邮箱：＿＿＿＿＿＿＿＿＿　　　　电子邮箱：＿＿＿＿＿＿＿＿＿

第二部分　通用条件

1　定义与解释

1.1　定义

除根据上下文另有其意义外，组成本合同的全部文件中的下列名词和用语应具有本款所赋予的含义。

1.1.1　"工程"是指按照本合同约定实施监理与相关服务的建设工程。

1.1.2　"委托人"是指本合同中委托监理与相关服务的一方，及其合法的继承人或受让人。

1.1.3　"监理人"是指本合同中提供监理与相关服务的一方，及其合法的继承人。

1.1.4　"承包人"是指在工程范围内与委托人签订勘察、设计、施工等有关合同的当事人，及其合法的继承人。

1.1.5　"监理"是指监理人受委托人的委托，依照法律法规、工程建设标准、勘察设计文件及合同，在施工阶段对建设工程质量、进度、造价进行控制，对合同、信息进行管理，对工程建设相关方的关系进行协调，并履行建设工程安全生产管理法定职责的服务活动。

1.1.6 "相关服务"是指监理人受委托人的委托，按照本合同约定，在勘察、设计、保修等阶段提供的服务活动。

1.1.7 "正常工作"指本合同订立时通用条件和专用条件中约定的监理人的工作。

1.1.8 "附加工作"是指本合同约定的正常工作以外监理人的工作。

1.1.9 "项目监理机构"是指监理人派驻工程负责履行本合同的组织机构。

1.1.10 "总监理工程师"是指由监理人的法定代表人书面授权，全面负责履行本合同、主持项目监理机构工作的注册监理工程师。

1.1.11 "酬金"是指监理人履行本合同义务，委托人按照本合同约定给付监理人的金额。

1.1.12 "正常工作酬金"是指监理人完成正常工作，委托人应给付监理人并在协议书中载明的签约酬金。

1.1.13 "附加工作酬金"是指监理人完成附加工作，委托人应给付监理人的金额。

1.1.14 "一方"是指委托人或监理人；"双方"是指委托人和监理人；"第三方"是指除委托人和监理人以外的有关方。

1.1.15 "书面形式"是指合同书、信件和数据电文（包括电报、电传、传真、电子数据交换和电子邮件）等可以有形地表现所载内容的形式。

1.1.16 "天"是指第一天零时至第二天零时的时间。

1.1.17 "月"是指按公历从一个月中任何一天开始的一个公历月时间。

1.1.18 "不可抗力"是指委托人和监理人在订立本合同时不可预见，在工程施工过程中不可避免发生并不能克服的自然灾害和社会性突发事件，如地震、海啸、瘟疫、水灾、骚乱、暴动、战争和专用条件约定的其他情形。

1.2 解释

1.2.1 本合同使用中文书写、解释和说明。如专用条件约定使用两种及以上语言文字时，应以中文为准。

1.2.2 组成本合同的下列文件彼此应能相互解释、互为说明。除专用条件另有约定外，本合同文件的解释顺序如下。

　　（1）协议书。
　　（2）中标通知书（适用于招标工程）或委托书（适用于非招标工程）。
　　（3）专用条件及附录A、附录B。
　　（4）通用条件。
　　（5）投标文件（适用于招标工程）或监理与相关服务建议书（适用于非招标工程）。

双方签订的补充协议与其他文件发生矛盾或歧义时，属于同一类内容的文件，应以最新签署的为准。

2　监理人的义务

2.1　监理的范围和工作内容

2.1.1　监理范围在专用条件中约定。

2.1.2　除专用条件另有约定外，监理工作包括如下内容。

（1）收到工程设计文件后编制监理规划，并在第一次工地会议 7 天前报委托人。根据有关规定和监理工作需要，编制监理实施细则。

（2）熟悉工程设计文件，并参加由委托人主持的图纸会审和设计交底会议。

（3）参加由委托人主持的第一次工地会议；主持监理例会并根据工程需要主持或参加专题会议。

（4）审查施工承包人提交的施工组织设计，重点审查其中的质量安全技术措施、专项施工方案与工程建设强制性标准的符合性。

（5）检查施工承包人工程质量、安全生产管理制度及组织机构和人员资格。

（6）检查施工承包人专职安全生产管理人员的配备情况。

（7）审查施工承包人提交的施工进度计划，核查承包人对施工进度计划的调整。

（8）检查施工承包人的试验室。

（9）审核施工分包人资质条件。

（10）查验施工承包人的施工测量放线成果。

（11）审查工程开工条件，对具备条件的签发开工令。

（12）审查施工承包人报送的工程材料、构配件、设备质量证明文件的有效性和符合性，并按规定对用于工程的材料采取平行检验或见证取样方式进行抽检。

（13）审核施工承包人提交的工程款支付申请，签发或出具工程款支付证书，并报委托人审核、批准。

（14）在巡视、旁站和检验过程中，发现工程质量、施工安全存在事故隐患的，要求施工承包人整改并报委托人。

（15）经委托人同意，签发工程暂停令和复工令。

（16）审查施工承包人提交的采用新材料、新工艺、新技术、新设备的论证材料及相关验收标准。

（17）验收隐蔽工程、分部分项工程。

（18）审查施工承包人提交的工程变更申请，协调处理施工进度调整、费用索赔、合同争议等事项。

（19）审查施工承包人提交的竣工验收申请，编写工程质量评估报告。

（20）参加工程竣工验收，签署竣工验收意见。

（21）审查施工承包人提交的竣工结算申请并报委托人。

（22）编制、整理工程监理归档文件并报委托人。

2.1.3 相关服务的范围和内容在附录 A 中约定。
2.2 监理与相关服务依据
2.2.1 监理依据。
（1）适用的法律、行政法规及部门规章。
（2）与工程有关的标准。
（3）工程设计及有关文件。
（4）本合同及委托人与第三方签订的与实施工程有关的其他合同。
双方根据工程的行业和地域特点，在专用条件中具体约定监理依据。
2.2.2 相关服务依据在专用条件中约定。
2.3 项目监理机构和人员
2.3.1 监理人应组建满足工作需要的项目监理机构，配备必要的检测设备。项目监理机构的主要人员应具有相应的资格条件。
2.3.2 本合同履行过程中，总监理工程师及重要岗位监理人员应保持相对稳定，以保证监理工作正常进行。
2.3.3 监理人可根据工程进展和工作需要调整项目监理机构人员。监理人更换总监理工程师时，应提前 7 天向委托人书面报告，经委托人同意后方可更换；监理人更换项目监理机构其他监理人员，应以相当资格与能力的人员替换，并通知委托人。
2.3.4 监理人应及时更换有下列情形之一的监理人员。
（1）严重过失行为的。
（2）有违法行为不能履行职责的。
（3）涉嫌犯罪的。
（4）不能胜任岗位职责的。
（5）严重违反职业道德的。
（6）专用条件约定的其他情形。
2.3.5 委托人可要求监理人更换不能胜任本职工作的项目监理机构人员。
2.4 履行职责
监理人应遵循职业道德准则和行为规范，严格按照法律法规、工程建设有关标准及本合同履行职责。
2.4.1 在监理与相关服务范围内，委托人和承包人提出的意见和要求，监理人应及时提出处置意见。当委托人与承包人之间发生合同争议时，监理人应协助委托人、承包人协商解决。
2.4.2 当委托人与承包人之间的合同争议提交仲裁机构仲裁或人民法院审理时，监理人应提供必要的证明资料。
2.4.3 监理人应在专用条件约定的授权范围内，处理委托人与承包人所签订合同的变更事宜。如果变更超过授权范围，应以书面形式报委托人批准。
在紧急情况下，为了保护财产和人身安全，监理人所发出的指令未能事先报委托人批准时，应在发出指令后的24小时内以书面形式报委托人。

2.4.4 除专用条件另有约定外，监理人发现承包人的人员不能胜任本职工作的，有权要求承包人予以调换。

2.5 提交报告

监理人应按专用条件约定的种类、时间和份数向委托人提交监理与相关服务的报告。

2.6 文件资料

在本合同履行期内，监理人应在现场保留工作所用的图纸、报告及记录监理工作的相关文件。工程竣工后，应当按照档案管理规定将监理有关文件归档。

2.7 使用委托人的财产

监理人无偿使用附录B中由委托人派遣的人员和提供的房屋、资料、设备。除专用条件另有约定外，委托人提供的房屋、设备属于委托人的财产，监理人应妥善使用和保管，在本合同终止时将这些房屋、设备的清单提交委托人，并按专用条件约定的时间和方式移交。

3 委托人的义务

3.1 告知

委托人应在委托人与承包人签订的合同中明确监理人、总监理工程师和授予项目监理机构的权限，如有变更，应及时通知承包人。

3.2 提供资料

委托人应按照附录B约定，无偿向监理人提供工程有关的资料。在本合同履行过程中，委托人应及时向监理人提供最新的与工程有关的资料。

3.3 提供工作条件

委托人应为监理人完成监理与相关服务提供必要的条件。

3.3.1 委托人应按照附录B约定，派遣相应的人员，提供房屋、设备，供监理人无偿使用。

3.3.2 委托人应负责协调工程建设中所有外部关系，为监理人履行本合同提供必要的外部条件。

3.4 委托人代表

委托人应授权一名熟悉工程情况的代表，负责与监理人联系。委托人应在双方签订本合同后7天内，将委托人代表的姓名和职责书面告知监理人。当委托人更换委托人代表时，应提前7天通知监理人。

3.5 委托人意见或要求

在本合同约定的监理与相关服务工作范围内，委托人对承包人的任何意见或要求应通知监理人，由监理人向承包人发出相应指令。

3.6 答复

委托人应在专用条件约定的时间内，对监理人以书面形式提交并要求作出决定的事宜，给予书面答复，逾期未答复的，视为委托人认可。

3.7 支付

委托人应按本合同约定，向监理人支付酬金。

4 违约责任

4.1 监理人的违约责任

监理人未履行本合同义务的，应承担相应的责任。

4.1.1 因监理人违反本合同约定给委托人造成损失的，监理人应当赔偿委托人损失。赔偿金额的确定方法在专用条件中约定。监理人承担部分赔偿责任的，其承担赔偿金额由双方协商确定。

4.1.2 监理人向委托人的索赔不成立时，监理人应赔偿委托人由此发生的费用。

4.2 委托人的违约责任

委托人未履行本合同义务的，应承担相应的责任。

4.2.1 委托人违反本合同约定造成监理人损失的，委托人应予以赔偿。

4.2.2 委托人向监理人的索赔不成立时，应赔偿监理人由此引起的费用。

4.2.3 委托人未能按期支付酬金超过28天，应按专用条件约定支付逾期付款利息。

4.3 除外责任

因非监理人的原因，且监理人无过错，发生工程质量事故、安全事故、工期延误等造成的损失，监理人不承担赔偿责任。

因不可抗力导致本合同全部或部分不能履行时，双方各自承担其因此而造成的损失、损害。

5 支付

5.1 支付货币

除专用条件另有约定外，酬金均以人民币支付。涉及外币支付的，所采用的货币种类、比例和汇率在专用条件中约定。

5.2 支付申请

监理人应在本合同约定的每次应付款时间的7天前，向委托人提交支付申请书。支付申请书应当说明当期应付款总额，并列出当期应支付的款项及其金额。

5.3 支付酬金

支付的酬金包括正常工作酬金、附加工作酬金、合理化建议奖励金额及费用。

5.4 有争议部分的付款

委托人对监理人提交的支付申请书有异议时，应当在收到监理人提交的支付申请书后7天内，以书面形式向监理人发出异议通知。无异议部分的款项应按期支付，有异议部分的款项按第7条约定办理。

6 合同生效、变更、暂停、解除与终止

6.1 生效

除法律另有规定或者专用条件另有约定外，委托人和监理人的法定代表人或

其授权代理人在协议书上签字并盖单位章后本合同生效。

6.2 变更

6.2.1 任何一方提出变更请求时，双方经协商一致后可进行变更。

6.2.2 除不可抗力外，因非监理人原因导致监理人履行合同期限延长、内容增加时，监理人应当将此情况与可能产生的影响及时通知委托人。增加的监理工作时间、工作内容应视为附加工作。附加工作酬金的确定方法在专用条件中约定。

6.2.3 合同生效后，如果实际情况发生变化使得监理人不能完成全部或部分工作时，监理人应立即通知委托人。除不可抗力外，其善后工作以及恢复服务的准备工作应为附加工作，附加工作酬金的确定方法在专用条件中约定。监理人用于恢复服务的准备时间不应超过28天。

6.2.4 合同签订后，遇有与工程相关的法律法规、标准颁布或修订的，双方应遵照执行，由此引起监理与相关服务的范围、时间、酬金变化的，双方应通过协商进行相应调整。

6.2.5 因非监理人原因造成工程概算投资额或建筑安装工程费增加时，正常工作酬金应作相应调整，调整方法在专用条件中约定。

6.2.6 因工程规模、监理范围的变化导致监理人的正常工作量减少时，正常工作酬金应作相应调整，调整方法在专用条件中约定。

6.3 暂停与解除

除双方协商一致可以解除本合同外，当一方无正当理由未履行本合同约定的义务时，另一方可以根据本合同约定暂停履行本合同直至解除本合同。

6.3.1 在本合同有效期内，由于双方无法预见和控制的原因导致本合同全部或部分无法继续履行或继续履行已无意义，经双方协商一致，可以解除本合同或监理人的部分义务。在解除之前，监理人应作出合理安排，使开支减至最小。

因解除本合同或解除监理人的部分义务导致监理人遭受的损失，除依法可以免除责任的情况外，应由委托人予以补偿，补偿金额由双方协商确定。

解除本合同的协议必须采取书面形式，协议未达成之前，本合同仍然有效。

6.3.2 在本合同有效期内，因非监理人的原因导致工程施工全部或部分暂停，委托人可通知监理人要求暂停全部或部分工作。监理人应立即安排停止工作，并将开支减至最小。除不可抗力外，由此导致监理人遭受的损失应由委托人予以补偿。

暂停部分监理与相关服务时间超过182天，监理人可发出解除本合同约定的该部分义务的通知；暂停全部工作时间超过182天，监理人可发出解除本合同的通知，本合同自通知到达委托人时解除。委托人应将监理与相关服务的酬金支付至本合同解除日，且应承担第4.2款约定的责任。

6.3.3 当监理人无正当理由未履行本合同约定的义务时，委托人应通知监理人限期改正。若委托人在监理人接到通知后的7天内未收到监理人书面形式的合理解释，则可在7天内发出解除本合同的通知，自通知到达监理人时本合同解除。

委托人应将监理与相关服务的酬金支付至限期改正通知到达监理人之日,但监理人应承担第4.1款约定的责任。

6.3.4 监理人在专用条件5.3中约定的支付之日起28天后仍未收到委托人按本合同约定应付的款项,可向委托人发出催付通知。委托人接到通知14天后仍未支付或未提出监理人可以接受的延期支付安排,监理人可向委托人发出暂停工作的通知并可自行暂停全部或部分工作。暂停工作后14天内监理人仍未获得委托人应付酬金或委托人的合理答复,监理人可向委托人发出解除本合同的通知,自通知到达委托人时本合同解除。委托人应承担第4.2.3款约定的责任。

6.3.5 因不可抗力致使本合同部分或全部不能履行时,一方应立即通知另一方,可暂停或解除本合同。

6.3.6 本合同解除后,本合同约定的有关结算、清理、争议解决方式的条件仍然有效。

6.4 终止

以下条件全部满足时,本合同即告终止。

(1) 监理人完成本合同约定的全部工作。

(2) 委托人与监理人结清并支付全部酬金。

7 争议解决

7.1 协商

双方应本着诚信原则协商解决彼此间的争议。

7.2 调解

如果双方不能在14天内或双方商定的其他时间内解决本合同争议,可以将其提交给专用条件约定的或事后达成协议的调解人进行调解。

7.3 仲裁或诉讼

双方均有权不经调解直接向专用条件约定的仲裁机构申请仲裁或向有管辖权的人民法院提起诉讼。

8 其他

8.1 外出考察费用

经委托人同意,监理人员外出考察发生的费用由委托人审核后支付。

8.2 检测费用

委托人要求监理人进行的材料和设备检测所发生的费用,由委托人支付,支付时间在专用条件中约定。

8.3 咨询费用

经委托人同意,根据工程需要由监理人组织的相关咨询论证会以及聘请相关专家等发生的费用由委托人支付,支付时间在专用条件中约定。

8.4 奖励

监理人在服务过程中提出的合理化建议,使委托人获得经济效益的,双方在专用条件中约定奖励金额的确定方法。奖励金额在合理化建议被采纳后,与最近一期的正常工作酬金同期支付。
8.5 守法诚信
监理人及其工作人员不得从与实施工程有关的第三方处获得任何经济利益。
8.6 保密
双方不得泄露对方申明的保密资料，亦不得泄露与实施工程有关的第三方所提供的保密资料，保密事项在专用条件中约定。
8.7 通知
本合同涉及的通知均应当采用书面形式，并在送达对方时生效，收件人应书面签收。
8.8 著作权
监理人对其编制的文件拥有著作权。
监理人可单独或与他人联合出版有关监理与相关服务的资料。除专用条件另有约定外，如果监理人在本合同履行期间及本合同终止后两年内出版涉及本工程的有关监理与相关服务的资料，应当征得委托人的同意。

第三部分 专用条件

1 定义与解释
1.2 解释
1.2.1 本合同文件除使用中文外，还可用＿＿＿＿＿＿＿＿＿＿＿＿＿＿＿。
1.2.2 约定本合同文件的解释顺序为：＿＿＿＿＿＿＿＿＿＿＿＿＿＿＿。
2 监理人义务
2.1 监理的范围和内容
2.1.1 监理范围包括：＿＿＿＿＿＿＿＿＿＿＿＿＿＿＿＿＿＿＿＿＿＿＿＿＿。
2.1.2 监理工作内容还包括：＿＿＿＿＿＿＿＿＿＿＿＿＿＿＿＿＿＿＿＿。
2.2 监理与相关服务依据
2.2.1 监理依据包括：＿＿＿＿＿＿＿＿＿＿＿＿＿＿＿＿＿＿＿＿＿＿＿。
2.2.2 相关服务依据包括：＿＿＿＿＿＿＿＿＿＿＿＿＿＿＿＿＿＿＿＿。
2.3 项目监理机构和人员
（略）。
2.3.4 更换监理人员的其他情形：＿＿＿＿＿＿＿＿＿＿＿＿＿＿＿＿＿＿。
2.4 履行职责
（略）。
2.4.3 对监理人的授权范围：＿＿＿＿＿＿＿＿＿＿＿＿＿＿＿＿＿＿＿＿。
在涉及工程延期＿＿＿＿＿＿天内和（或）金额＿＿＿＿＿＿万元内的变更，监理人不需请示委托人即可向承包人发布变更通知。
2.4.4 监理人有权要求承包人调换其人员的限制条件：＿＿＿＿＿＿＿＿＿＿。
2.5 提交报告
监理人应提交报告的种类（包括监理规划、监理月报及约定的专项报告）、时间和份数：_____。

(略)。

2.7 使用委托人的财产

附录B中由委托人无偿提供的房屋、设备的所有权属于：_____。

监理人应在本合同终止后_____天内移交委托人无偿提供的房屋、设备，移交的时间和方式为：_____。

3 委托人义务

(略)。

3.4 委托人代表

委托人代表为：_____。

(略)。

3.6 答复

委托人同意在_____天内，对监理人书面提交并要求做出决定的事宜给予书面答复。

4 违约责任

4.1 监理人的违约责任

4.1.1 监理人赔偿金额按下列方法确定。

赔偿金＝直接经济损失×正常工作酬金÷工程概算投资额（或建筑安装工程费）

(略)。

4.2 委托人的违约责任

(略)。

4.2.3 委托人逾期付款利息按下列方法确定。

逾期付款利息＝当期应付款总额×银行同期贷款利率×拖延支付天数

5 支付

5.1 支付货币

币种为_____，比例为_____，汇率为_____。

(略)。

5.3 支付酬金

正常工作酬金的支付见下表。

酬金支付

支付次数	支付时间	支付比例	支付金额/万元
首付款	本合同签订后7天内		
第二次付款			
第三次付款			
……			
最后付款	监理与相关服务期届满14天内		

6 合同生效、变更、暂停、解除与终止
6.1 生效
本合同生效条件：＿＿＿＿＿＿＿＿＿＿＿＿＿＿＿＿＿。
6.2 变更
（略）。
6.2.2 除不可抗力外，因非监理人原因导致本合同期限延长时，附加工作酬金按下列方法确定。

附加工作酬金＝本合同期限延长时间（天）×正常工作酬金÷协议书约定的监理与相关服务期限（天）

6.2.3 附加工作酬金按下列方法确定。

附加工作酬金＝善后工作及恢复服务的准备工作时间（天）×正常工作酬金÷协议书约定的监理与相关服务期限（天）

（略）。
6.2.5 正常工作酬金增加额按下列方法确定。

正常工作酬金增加额＝工程投资额或建筑安装工程费增加额×正常工作酬金÷工程概算投资额（或建筑安装工程费）

6.2.6 因工程规模、监理范围的变化导致监理人的正常工作量减少时，按减少工作量的比例从协议书约定的正常工作酬金中扣减相同比例的酬金。

7 争议解决
（略）。
7.2 调解
本合同争议进行调解时，可提交＿＿＿＿＿＿＿进行调解。
7.3 仲裁或诉讼
合同争议的最终解决方式为下列第＿＿＿＿＿＿种方式。
（1）提请＿＿＿＿＿＿仲裁委员会进行仲裁。
（2）向＿＿＿＿＿＿人民法院提起诉讼。

8 其他
（略）。
8.2 检测费用
委托人应在检测工作完成后＿＿＿＿＿＿天内支付检测费用。
8.3 咨询费用
委托人应在咨询工作完成后＿＿＿＿＿＿天内支付咨询费用。
8.4 奖励
合理化建议的奖励金额按下列方法确定。

奖励金额＝工程投资节省额×奖励金额的比率；奖励金额的比率为＿＿＿＿＿＿％。

（略）。

8.6 保密
委托人申明的保密事项和期限：_____。
监理人申明的保密事项和期限：_____。
第三方申明的保密事项和期限：_____。
(略)。

8.8 著作权
监理人在本合同履行期间及本合同终止后两年内出版涉及本工程的有关监理与相关服务的资料的限制条件：_____。

9 补充条款
_____。

四、公正招标

在当地招投标中心，在招投标管理办公室的主持下，严格按照国家法律法规的程序，公开公正的招投标，使用综合因素评标办法，选定监理合作方。公平公正的招标程序，不仅符合政府的要求，而且能在业界树立开发商企业的形象，增强投标单位的信心，为今后选择监理单位打好基础。

第二节 施工阶段的监理管理

在工程的施工阶段，工程监理的责任重大，直接关系到施工工程的质量、投资、进度、安全等方面。

一、施工阶段的质量监理

在施工阶段推行以动态控制为主、事前预防为辅的管理办法，主要抓住事先指导、事中检查、事后验收三个环节。

1. 事先指导

在施工阶段，一切以数据说话，做好提前预控，从预控角度主动发现问题，对重点部位、关键工序进行动态控制。具体措施如图6-1所示。

2. 事中检查

在施工管理过程中，抓"重点部位"的质量控制，对工程施工做到全过程、全方位的质量监控，从而有效实现工程项目施工的全面质量控制。

(1) 设立质量控制点，对施工工艺过程进行质量控制，并对关键工序进行旁站并书面记录。

(2) 进行监理质量巡检和工序间的质量验收、交接验收，并填写相关书面记录。

措施一	组织项目监理机构人员熟悉设计文件并提出审图意见,参与设计交底和图纸会审
措施二	组织和编制项目监理规划和实施细则
措施三	组织召开第一次工地会议,进行监理交底,质监部门要求时组织质量监督工作计划交底
措施四	督促承包商建立完善质量保证体系、质量保证措施
措施五	审核施工单位、分包商、材料供应商、检测单位等的资质
措施六	审核承包商提交的施工组织设计及施工方案
措施七	对工程所需原材料、构配件、设备、半成品的质量进行控制,做好进场检查、复检、见证取样等监督工作
措施八	审核承包商制订的成品保护措施
措施九	审核承包商提交的测量放线方案,现场查验测量放线结果

图 6-1 施工阶段质量监理事先指导措施

(3) 核查工程模板预检项目,进行技术复核,并填写模板预检书面记录。

(4) 对隐蔽工程进行检查验收,并填写隐蔽工程书面记录。

(5) 处理承包商提出的工程变更、工程洽商等技术工作,进行质量和技术签证,并填写相关书面记录。

(6) 主持处理工程质量事故,并对处理结果进行复查,书面形成工程质量事故处理报告。

(7) 行使质量监督权,下达工程施工暂停指令。

(8) 执行工程开工和复工审批制度。

(9) 为工程进度款支付签署质量认证意见。

(10) 建立质量监理日记。

(11) 组织召开现场质量协调会,并形成会议纪要。

(12) 定期向建设方单位报告工程质量动态情况(监理周报、监理月报)。

3. 事后验收

当分项、分部工程或单项工程施工完毕后,及时按相应的施工质量验收标准和方法,对所完工的工程质量进行验收,具体工作如图 6-2 所示。

二、施工阶段的进度监理

与质量、安全管理不同,工程进度控制没有具体的标准可对照,唯一也是最

工作一	组织隐蔽工程、预检工程(项目)、分项工程、结构工程、分部工程、单位工程等验收,做好实测实量检查、平行检验及数据建立、统计、分析
工作二	组织工程竣工预验收
工作三	提交监理工程质量评估报告
工作四	参与工程竣工验收
工作五	提交项目监理工作总结
工作六	审查竣工图及其他技术文件档案

图 6-2　施工阶段质量监理事后验收工作

直接的衡量标准就是结果。通常,对于一个工程建设项目来说,理想的进度控制结果就是按计划(或合同工期)完成,否则,若最终的工程进度有了较大的延误,就可能会产生很多复杂的后果。

1. 事前计划

在施工阶段,监理工程进度,需进行事前计划,具体要求如图 6-3 所示。

要求一	审核承包商提交的施工进度计划(周进度计划、月进度计划、年进度计划、总进度计划等)、施工方案、施工总平面图等
要求二	审核施工单位编制的材料及设备采购计划

图 6-3　施工阶段进度监理事前计划

2. 事中检查

有了计划,就得按照计划去执行,否则,计划就成了无用功。在计划执行的过程中,工程总监应该做好如下检查工作。

(1) 建立反映工程进度的监理日记。

(2) 定期对工程进度计划的实施进行检查、统计、分析,并提出纠偏措施。

(3) 严格进行进度、计量方面的签证,审批工程延期申请。

(4) 对工程进度实施动态管理,及时将现场进度情况汇报建设方单位。

(5) 为工程进度款的支付签署进度、计量方面的认证意见。

(6) 组织召开现场进度协调会。

(7) 定期向业主报告工程进度情况。

3. 事后敦促

事后敦促,包括如图 6-4 所示的事项。

事项一	敦促各方制订保证总工期不突破的对策措施
事项二	敦促各方制订进度计划滞后的补救措施
事项三	敦促有关方调整相应的施工计划、材料设备采供计划、资金供应计划等，组织新的协调和平衡，确保不影响关键节点计划及总进度计划

图 6-4 施工阶段进度监理事后敦促事项

三、施工阶段的投资监理

建筑工程施工阶段的投资控制时间较长，而且会受到一些因素的影响。作为工程总监，可从组织措施、经济措施、技术措施及合同措施上做好施工阶段的投资监理管理，保证施工的成本和进度。

1. 组织措施

施工阶段的投资监理管理组织措施如图 6-5 所示。

| 在项目管理班子中落实从投资控制角度进行施工跟踪的人员任务分工和职能分工 | 措施一 措施二 | 编制本阶段投资控制工作计划和详细的工作流程图 |

图 6-5 施工阶段的投资监理管理组织措施

2. 经济措施

施工阶段的投资监理管理经济措施如下。

（1）编制资金使用计划，确定、分解投资控制目标。对工程项目造价目标进行风险分析，并制定防范性对策。

（2）进行工程计量。

（3）复核工程付款账单，签发付款证书。

（4）在施工过程中进行投资跟踪控制，定期地进行投资实际支出值与计划目标值的比较，发现偏差，分析产生偏差的原因，采取纠偏措施。

（5）协商确定工程变更的价款，审核竣工结算。

（6）对工程施工过程中的投资支出作好分析与预测，经常或定期向建设单位提交项目投资控制及其存在问题的报告。

3. 技术措施

施工阶段的投资监理管理技术措施如图 6-6 所示。

4. 合同措施

施工阶段的投资监理管理合同措施如下。

（1）做好工程施工记录，保存各种文件图纸，特别是注有实际施工变更情况的图纸，注意积累素材，为正确处理可能发生的索赔提供依据，参与处理索赔

措施一	对设计变更进行技术经济比较，严格控制设计变更
措施二	继续寻找通过设计挖潜节约投资的可能性
措施三	审核承包商编制的施工组织设计，对主要施工方案进行技术经济分析

图 6-6 施工阶段的投资监理管理技术措施

事宜。

（2）参与合同修改、补充工作，着重考虑它对投资控制的影响。

四、施工阶段的安全监理

安全监理的任务主要是贯彻落实安全生产方针政策，督促施工单位按照建筑施工安全生产法规和标准组织施工，消除施工中的冒险性、盲目性和随意性，落实各项安全技术措施，有效杜绝各类安全隐患，杜绝、控制和减少各类伤亡事故，实现安全生产。

1. 事前控制工作

施工阶段的安全监理，需做好如图 6-7 所示的事前控制工作。

工作一	编制具有针对性的监理规划和安全监理细则，包括安全监理内容，明确安全监理的范围、内容、工作程序和制度措施，以及人员配备计划和职责等
工作二	审查施工组织设计中的安全技术措施或专项施工方案
工作三	审查施工单位安全组织机构和施工现场的安全管理网络
工作四	审查施工单位应有的安全生产管理制度和安全文明施工管理制度
工作五	审查本项目工程施工应用的安全监督手段
工作六	审查施工单位安全资质和特种作业人员操作证
工作六	审核施工单位应急救援预案和安全防护措施费用使用计划

图 6-7 施工阶段的安全监理管理事前控制工作

2. 事中控制工作

施工阶段的安全监理，需做好如下事中控制工作。

（1）督促承包单位的安全管理职能部门切实履行好各自的安全管理职责，对施工单位自查情况进行抽查，参加建设单位组织的安全生产专项检查。

（2）依照经审查批准的方案定期、不定期对施工现场施工起重机械、整体提升脚手架、模板等自升式架设设施和安全设施进行专项检查，核查验收手续。

（3）检查施工现场各种安全标志和安全防护措施是否符合强制性标准要求，并检查安全生产费用的使用情况。

（4）抓好安全生产基本措施的落实。

（5）定期、不定期对施工现场进行安全隐患排查，并要求施工单位进行整改，整改完成后对整改结果进行复查，对整改不及时、不彻底的安全隐患经建设方单位同意可进行罚款及下发局部停工通知单进行处理。

（6）对重要工序、关键部位进行旁站监理，如塔吊的安装、拆除、顶升、外架拆除、混凝土浇筑、施工电梯安拆等。

3. 事后控制工作

施工阶段的安全监理，需做好如下事后控制工作。

（1）组织对关键部位、关键工序、危险性大的工程进行安全验收，包括外架搭设完成、塔吊及吊车安装完成、基坑支护工程、模板工程等，并监督落实整改完成。

（2）参加对施工现场安全事故全过程的处理、汇报、总结等。

第三节　合同履行阶段的监理管理

监理合同的履行实质上是随工程项目的开展而实行的，合同履行阶段的管理是整个监理管理模式中的最重要环节。该阶段分成以下五个部分。

一、工程准备阶段管理

从监理单位中标开始，即要求监理公司介入到工程准备的过程中来。首先在施工单位的选择过程中，就要求监理单位提供大量的信息资料，由于是本地监理企业，对建筑市场的了解较多，可以提供较全面的施工企业状况。也可将选择施工单位的原则和选择范围与之做沟通，使监理公司在工程开始前就对今后的监理对象有了大致的了解。

二、桩基施工阶段管理

桩基施工的质量要求较高，因此监理必须有足够力度监理整个施工过程。对此，要求监理公司调配专业桩基监理工程师，并配备足够监理员进驻现场，以保证24小时的现场监管。同时将基础施工阶段的监理，作为深入了解开发商管理思路的开始过程，对工程监理和监理人员的素质提出明确的要求。

三、主体施工阶段管理

由于整个工程的工期紧张，在主体阶段不能有丝毫的延误，同时要避免赶工而造成的质量弊病，要对监理加大管理力度。

一开始既要求监理公司调配完整的监理班子，督促并协助他们对整个工程的工期做合理的分析，对关键环节诸如基础开挖、转换层施工、封顶时限、主体验收时间、墙体施工、粉刷开始、外墙施工、脚手架落地等均作出要求，并对各个环节的人力、机械情况作出合理估算。

同时对主体所关注的质量要点及赶工可能引起的通病作出预防措施。施工过程中，房地产企业可要求监理单位定人定岗，不同的标段不同的幢号由专人负责，避免职责不明管理混乱的情况。要求监理每天下班前上报《监理日报》对每天的施工情况进行描述，既满足甲方的需要，更能够约束监理每日的工作行为，每周的《监理周报》和每月的《监理月报》提供各周各月的总体计划执行情况和现场存在问题的汇总及解决。

四、装饰施工阶段管理

根据工程的实际情况，进入装修阶段后，工程在继续赶工的情况下，更重要的是要确保装饰质量的一次成优。对此在主体施工进行时，即要求监理公司提前作出装饰施工的准备工作，包括准备专业装饰监理人员、作出装饰施工工期控制节点等。

同时，按照房地产企业要求提前作出施工样板和交楼标准的楼层，要求监理对此作出专门安排，并安排专门监理工程师负责。要求监理公司加强对材料的进场检验，加强对各专业工程的协调和配合力度，对所有分项加强监理力度，保证装饰工程一次成优。

五、监理组织的管理

对于项目监理部不能适应开发商这种快节奏、高强度、有压力、注重品牌和形象的管理模式，针对这种现状，房地产企业首先从项目监理部的人员着手，加强对其作息制度的管理，要求上下班打卡，建立24小时值班制，严格日报制度，对不能达到要求的人员坚决调换。同时下发企业对工程管理的相应资料，严格要求监理执行开发商体系，并在工作中与其加强沟通，对其薄弱处进行指导，引导他们从被动监理向主动监理进行转化。

下面提供一份××房地产企业对监理单位的管理制度的范本，供读者参考。

【实战范本】××房地产企业监理单位的管理制度

××房地产企业监理单位的管理制度

为更好地发挥项目监理部在工程建设实施过程中的监督、管理作用，深刻细致地落实监理委托合同及国家法律法规规定的责任及义务，确保本工程的质量、安全、进度、投资及环保符合施工合同、图纸设计、相关法律法规及企业的一些具体要求，公司根据工程建设需要对监理公司项目部的监理工作进行管理与考核，具体内容如下。

一、监理合同执行情况

（1）根据监理合同内容的有关规定配备总监、土建监理工程师、土建监理员、资料员以及电气、水暖专业工程师等人员，严格控制人员的到岗率，且必须参加周工程例会，在配合施工期间监理人员视监理工作需要随叫随到。

（2）在服务期内，监理人员应保持相对稳定，以保证服务工作的正常进行，监理人员的更换，必须征得书面同意；对于不称职监理人员，无正当理由必须2日内离开，并在2日内人员更换到位。

（3）监理人员在责任期内如果有重大失职，造成经济损失的按有关规定应予以赔偿损失。

（4）监理人员应按时向建设单位提供监理规划、监理细则、监理月报及现场各种报告资料等，召开监理周例会，认真书写监理例会纪要并于监理周例会后的两日内下发例会纪要，不及时传发以上资料的一次处罚300元。

（5）监理人员不准向施工单位索取钱物，不准向施工单位报销任何消费票据，不得接受施工单位、供货商的吃请或接受回扣，一经发现，驱逐出场，造成经济损失的，由监理公司承担赔偿责任，根据损失大小金额，从监理款项中直接扣除，严重者追究法律责任。

（6）监理人员不得故意刁难施工单位，现场验收不得拖延，工程资料应及时签认，一经发现违反规定，一次处罚500元。

（7）不准泄露与本工程有关的技术和商务秘密，对建设单位造成重大损失的按合同有关规定执行。

二、监理人员工作纪律

（1）监理人员上下班、值班时间应严格遵守或配合甲方规定的考勤制度，工作期间不得无故离岗、迟到、早退、酗酒，如有特殊情况应向甲方工程部经理请假。

（2）监理人员应注意维护监理形象，遵守项目现场各项管理制度；不准相互推诿、无理拒绝或拖延本职工作；对现场存在的质量问题、安全隐患应及时发现并及时发出整改通知单。

（3）监理人员应熟悉工程图纸及设计变更的相关内容，了解法律法规的相关规定。

(4) 各项报表填写内容符合要求。监理日志、月报填写内容齐全、真实、清晰、可追溯，本人审核的资料及填写的表格要签字齐全、数字准确。

三、监理人员对质量控制

(1) 积极审核各专业施工方案，使之符合规范及标准强制性条文的规定，并监督施工单位按批准的方案施工，发现问题应及时解决。出现严重审查错误，及发现未按照批准方案施工而不及时处理的，一次处罚 500 元。

(2) 材料进场验收手续齐全，质量证明资料与实物核验符合设计及规范要求。由于发现不及时或发现未经批准的材料使用监理不采取措施制止的，一次处罚 500 元。

(3) 监理人员应清楚监理控制程序、工程质量控制标准，掌握工程现场情况及有关数据，满足工程施工中对各项工序、参数的理解和需求。

(4) 施工中存在质量问题，能够及时发现并进行处理的，及时安排处理并复查，重大质量问题不得隐瞒并私自处理，否则发现一次处罚 300 元。

(5) 严格执行质量过程控制措施，在过程控制及工程验收时，要按规定进行实测实量。经验收合格的工程，不得再有质量问题。不符合以上规定的一次处罚 200 元。

(6) 为了配合施工单位按计划完成施工任务，在施工过程中，监理人员应加强过程检查，主动发现问题并敢于指出，对施工过程中明显违反施工规范、与图纸不符、有严重错误的问题，应及时指出，要求施工单位整改，必要时对有关问题签发监理通知，以减少工序验收时大量的翻工。不符合以上规定的一次处罚 200 元。

(7) 按职责做好见证取样、监理抽检工作；监理人员在施工阶段实施监理时，应在施工现场对关键部位和关键工序的施工质量实施全过程跟班旁站监督，旁站监理范围为：桩间土方等开挖、地下室外墙隐检及土方回填、后浇带、桩头加贴防水、抗渗混凝土浇筑、其他（底板、墙、顶板）混凝土浇筑、地下室结构质量缺陷处理、主体结构框架节点钢筋、屋面防水、特殊工艺及其他有关工程建设需要的关键工序或部位。建设单位抽查发现旁站不到位，一次处罚 200 元。

(8) 监理人员在没有收到书面验收通知的情况下，每天应根据施工现场的施工状态进行检查，检查下列情况但不限于以下情况。

——检查施工单位现场质检人员的到岗、特殊工种人员持证上岗及施工机械、建筑材料的准备情况。

——关键部位、关键工序的施工是否执行了已获批准的施工组织设计、方案以及工程建设强制性标准。

——核查进场建筑材料、构配件、设备和商品混凝土的质量检验报告等，并可在现场监督施工单位进行检验。

——施工操作人员的技术水平、操作条件是否满足工艺操作要求。

——正在施工的部位或工序是否存在质量缺陷或质量隐患。对较大质量问题或隐患，监理人员宜采取录像、摄影等手段予以记录。

——监理人员在巡视和旁站过程中要善于及时发现问题并对其予以纠正。一旦发现问题，应先口头通知施工单位要求其改正，必要时签发《监理工程师通知单》，并将所发现的问题及处理过程记入监理日记。当发生下列情况之一时，监理人员应口头要求工程暂停施工：施工出现了安全隐患；工程质量出现的缺陷可能引发工程质量事故。

监理人员在口头要求工程暂停后，应立即向总监理工程师汇报，由总监理工程师签发《暂停施工令》。

（9）监理单位应严格工序报验制度，对施工单位报验的工序，监理员应协同监理工程师首先检查施工方自检资料，齐全后再进行工序验收。凡关键部位或工序未履行签字验收程序就进行下道施工的发现一次处罚200元。

四、监理人员对进度控制

（1）监理单位须配合施工进度，根据总进度计划，要求施工单位提出各分部、分项工程的季度、月度的具体计划安排，组织各专业监理工程师审查其可行性并提出意见。监理工程师审核施工方按工程进度提交的形象进度和已完成工程量月报，对工程量增减变化的设计变更及工地洽商等内容执行情况审查，同时检查是否满足质量要求，如不合格不予签认并及时汇报甲方。

（2）在施工过程中监理人员经常深入工地，了解承包人的工、料、机的投入情况，对进度计划滞后的工程提出分析意见，采取有效的控制措施，并督促施工单位按工程进度完成。

（3）对各种质量检验报告单、中间交工证书、中间计量表等表单符合要求的及时准确签证，杜绝漏签、错签；对承包人上报的资料的审核准到位；计量方法、原则掌握严格、正确，对计量支付的理解透彻。

五、监理人员对现场安全文明生产控制

（1）项目监理部应定期组织现场安全文明生产的检查，对检查发现的问题应及时要求施工单位整改，并将整改结果上报建设单位。

（2）做好日常安全监护及督促工作，所有人员应自觉遵守并严格执行安全文明管理制度，监理人员对发现下述情况，不按照要求提出整改直至制止的，对监理公司处罚100元。

——工程标牌未设置，或设置在不醒目位置，或发生破损未及时修复；高层建筑无明显的楼层标识牌。

——施工现场成品、半成品及原材料未按规定堆放。

——施工现场扬尘、撒土对周边居民区、公共场所造成环境严重污染。

——发现生活区、办公区、施工区有随意倾倒垃圾现象，办公区域场地不定期打扫，损坏的设施不及时修复。

——发现施工现场高空抛物或从高处倾倒物体。

——外墙脚手架未保持整洁、美观，发生破损；钢管、扣件、栏杆颜色标识不清楚；围墙及周边道路、工地出入口未保持清洁；绿化、广告、灯箱等发生破损未及时修复。

——施工单位门卫管理不到位，不建立来客登记制度。

——施工单位未建立安全生产责任制，未落实安全生产的组织保证体系，安全员缺岗或不到位；施工单位安全管理台账未及时建立并完善，未对施工作业人员进行安全生产教育或分部分项工程的安全技术交底，施工单位特种作业人员未持证上岗。

——施工现场消防设施未按要求配置的，施工脚手架未按规范搭设、报验不及时及未能满足安全防护要求的，现场安全帽、安全网、安全带等未按要求佩带或配置的，拒不整改。

——现场出入口、通道口、楼梯口、井道口、预留洞口、临边洞口、基坑边缘等容易发生坠落的地方未设置安全警示标志，临边防护未及时设置，现场塔吊、架桥机、吊车及其他施工机具未按要求配备有效的保险、限位等安全设施和装置或超过质检期违规使用的。

——施工现场用电设备、配电箱、开关箱未采用TN-S接零保护系统，未实行三级配电、两级保护系统，施工电缆随意拖拉，未架空或埋地，接头未保护，绝缘层有破损，现场用电设备漏电保护装置未按要求配置或失灵的。

——发现生活区、职工集体宿舍、食堂违规使用电器，电线私拉乱接及未配设防火设备的。

六、其他有关说明

（1）本监理管理办法执行时间：开始时间——工程开工；结束时间——与监理服务周期同时结束。

（2）工程部将严格按此管理办法进行检查，不按此办法进行管理工程部有权对监理单位进行考核。